Wolfgang Tietze · Hans-Günther Roßbach (Hrsg.)
Rebecca Nattefort · Katja Grenner

Kindergarten-Skala

Revidierte Fassung mit Zusatzmerkmalen
(KES-RZ)

Wolfgang Tietze · Hans-Günther Roßbach (Hrsg.)
Rebecca Nattefort · Katja Grenner

Kindergarten-Skala
(KES-RZ)

Revidierte Fassung mit Zusatzmerkmalen

Feststellung und Unterstützung pädagogischer Qualität in Kindertageseinrichtungen

Deutsche Fassung der Early Childhood Environment Rating Scale – Revised Edition von

Thelma Harms, Richard M. Clifford und Debby Cryer

verlag das netz
Weimar

Bitte richten Sie Ihre Wünsche, Kritiken und Fragen an:

verlag das netz GmbH
Nummer 51 · 99441 Kiliansroda/Weimar
Telefon: +49 36453.7140
Telefax: +49 36453.71412
info@verlagdasnetz.de

Informationen über Trainingskurse zur Anwendung der KES-RZ
erhalten Sie über folgende Adresse:

PädQUIS® gGmbH
An-Institut der Alice Salomon Hochschule Berlin
Kooperationsinstitut der Karl-Franzens-Universität Graz
Ordensmeisterstr. 15-16 · 12099 Berlin
Tel.: +49 (0)30.720061-11
Fax: +49 (0)30.720061-161
info@paedquis.de
www.paedquis.de

Titel der amerikanischen Originalausgabe:
Early Childhood Environment Rating Scale – Revised Edition

ISBN 978-3-86892-066-6

Gestaltung: Jens Klennert, Tania Miguez
Titelfotos: Skynesher, Romrodinka, Wundervisuals
Druck und Bindung: Förster & Borries, Zwickau
Printed in Germany

Weitere Informationen finden Sie unter www.verlagdasnetz.de

Inhaltsverzeichnis

Vorwort

1997 erschien mit der Kindergarten-Einschätz-Skala (KES) die deutsche Version der *Early Childhood Environment Rating Scale (ECERS)* von Thelma Harms und Richard M. Clifford (1980). Mit der KES wurde erstmals im deutschsprachigen Raum ein nach wissenschaftlichen Kriterien entwickeltes Instrument zur Feststellung pädagogischer Qualität in Kindergärten zur Verfügung gestellt. Die große Aufmerksamkeit, die dieser Skala in den vergangenen Jahren von Fachkräften in der Praxis, von Trägern, Fachberaterinnen, Jugendhilfeadministration und Wissenschaftlern entgegengebracht wurde, macht das Interesse an einem solchen Verfahren deutlich.

Nach fast 20 Jahren der Anwendung erschien die revidierte Fassung der amerikanischen Originalskala (ECERS-R: Harms, Clifford & Cryer, 1998) basierend auf den langjährigen Erfahrungen in den USA und in anderen Ländern. Diese internationale Entwicklung sowie die mehrjährige Erfahrung in der Anwendung der KES im deutschsprachigen Raum führten zu einer Revision, Erweiterung und Verbesserung der KES, deren Ergebnis wir mit der Kindergarten-Skala (KES-R) im Jahr 2001 vorgelegt haben (3. Auflage 2007).

Die vorliegende 4. Auflage der Kindergarten-Skala (KES-RZ) umfasst eine weitere Überarbeitung und eine zusätzliche Erweiterung. Sie beruht auf der Revision der amerikanischen Autoren aus dem Jahr 2005 und enthält acht zusätzliche Merkmale, die aufgrund vielfältiger Anregungen aus Wissenschaft und Praxis speziell für den deutschen Kontext entwickelt wurden (Z-Merkmale). Die klare Trennung von KES-R und KES-Z Merkmalen und ihre Verbindung in der KES-RZ erlaubt separierte Einschätzungen und ermöglicht damit weiterhin den internationalen Vergleich bei gleichzeitiger nationaler Erweiterung.
Wir danken an dieser Stelle unseren Forschungspartnern und Kollegen aus verschiedenen Bundesländern für vielfältige, wertvolle Hinweise bei der Entwicklung und Verbesserung der KES-RZ. Ein besonderer Dank gilt Thelma Harms, Richard M. Clifford und Debby Cryer, den Autoren der Originalskalen, die uns in Zweifelsfällen mit ihrem fachlichen Rat zur Seite standen. Nicht zuletzt möchten wir allen beteiligten Einrichtungen und Fachkräften sowie den Datenerhebern in den verschiedenen Forschungsprojekten danken, ohne die die breite empirische Erprobung der KES-RZ nicht möglich gewesen wäre. Frau Dipl.-Päd. Sylvia Heide, Frau Christine Lorig, MA, und Frau Anja Köhn, MA, haben tatkräftig an den Überarbeitungen für diese 4. Auflage mitgewirkt.

Die KES-RZ hat mit dem Wechsel des Verlages ein neues »Gesicht« bekommen. Sie ist nun als ein Instrument aus der mehrteiligen Skalen-Serie zur »Feststellung und Unterstützung pädagogischer Qualität« ausgewiesen. Parallel zur vorliegenden KES-RZ erscheinen die KES-E (KES-Extended), ein an den Universitäten Oxford und London entwickeltes Instrument zur Erfassung pädagogischer Qualität speziell in den Bildungsbereichen Sprache, Mathematik, Naturwissenschaft und individuelle Förderung (Roßbach & Tietze,

2017), die überarbeitete Krippen-Skala (KRIPS-RZ) für die Altersgruppe der unter dreijährigen Kinder (Tietze & Roßbach, 2018), die Hort- und Ganztagsangebote-Skala (HUGS) sowie die bereits 2015 publizierte Kindertagespflege-Skala (TAS-R; Tietze & Roßbach, 2015). Damit stehen Verfahren zur Erfassung und Unterstützung pädagogischer Qualität in allen institutionellen Formen der Bildung, Betreuung und Erziehung von Kindern sowie in der semi-institutionellen Form der Kindertagespflege zur Verfügung.

Wir freuen uns auf Rückmeldungen, Erfahrungen und Verbesserungsvorschläge.

Die Herausgeber

1. Qualitätskonzept der KES-RZ

Wer sich mit Fragen der Qualität in Kindergärten[1] befasst, sieht sich einem vieldimensionalen und facettenreichen Gegenstandsbereich gegenüber. In Abhängigkeit davon, welche Bezugsgruppe die Frage nach der Qualität stellt, fallen die Antworten unterschiedlich aus. Für *Eltern*, die z.B. an langen und flexiblen Öffnungszeiten interessiert sein mögen, stellt sich Qualität aus einer anderen Perspektive dar als für *pädagogische Fachkräfte*, die an eigenen familienfreundlichen Arbeitszeiten interessiert sind und denen es auch um die Qualität ihres Arbeitsplatzes gehen mag. Wiederum andere Qualitätsgesichtspunkte stehen für *Träger* im Vordergrund, die an der Umsetzung ihrer weltanschaulichen und konzeptionellen Auffassungen interessiert sind und auch wirtschaftliche Faktoren bei der Bereitstellung ihrer Betreuungsangebote berücksichtigen müssen. Solche und ähnliche verschiedenartige Perspektiven auf Qualität (vgl. auch Katz 1996) sind legitim, haben aber nur einen indirekten Bezug zu dem, was als pädagogische Qualität bezeichnet werden kann: Wir gehen davon aus, dass den Interessen und der Perspektive des Kindes und der an seiner Erziehung und Entwicklung interessierten Eltern eine Vorrangstellung unter den verschiedenen möglichen Sichtweisen zukommt.

Pädagogische Qualität rückt die Sichtweise und das stellvertretend wahrgenommene Interesse des Kindes an guter Bildung, Betreuung und Erziehung in den Mittelpunkt und macht diese zum Maßstab für die Qualität eines Kindergartens. Diese Sichtweise stellt zweifellos eine Zuschärfung des Blickwinkels dar, wodurch andere, durchaus auch berechtigte Sichtweisen auf die Qualität eines Kindergartens ausgeblendet werden. Wir gehen jedoch davon aus, dass dem Wohlbefinden und den Entwicklungschancen von Kindern Priorität zukommt.

Pädagogische Qualität ist in Kindergärten dann gegeben, wenn diese die Kinder körperlich, emotional, sozial, sprachlich und kognitiv fördern, ihrem Wohlbefinden sowie ihrer gegenwärtigen und zukünftigen Bildung dienen und damit auch die Familien in ihrer Bildungs-, Betreuungs- und Erziehungsverantwortung unterstützen.

Auch unter dem Blickwinkel pädagogischer Qualität haben wir es mit einem komplexen Gebilde zu tun, bei dem mehrere Ebenen unterschieden werden können. Im Anschluss an die *Nationale Untersuchung zur Bildung, Betreuung und Erziehung in der frühen Kindheit* (NUBBEK: Tietze, Becker-Stoll, Bensel u.a., 2013) unterscheiden wir die vier folgenden Ebenen pädagogischer Qualität in Kindergärten:

1 Im Folgenden wird der Begriff »Kindergarten« als Oberbegriff für die verschiedenen Formen der Gruppenbetreuung für Kinder im Alter von drei Jahren bis zum Schulbeginn benutzt. Er umfasst damit Halbtags- wie Ganztagseinrichtungen und auch verschiedene Formen der Altersmischung.

Pädagogische Orientierungsqualität: Sie bezieht sich auf das Bild vom Kind, das die pädagogischen Fachkräfte haben, ihre Auffassungen über die Bildung und Entwicklung von Kindern, über Bildungsinhalte, über Erziehungsziele und Erziehungsmaßnahmen, über die Aufgaben von Familie und Kindertageseinrichtung.

Pädagogische Strukturqualität: Sie bezeichnet Rahmenbedingungen, die der Praxis vorgegeben sind und die vorwiegend politisch geregelt bzw. regulierbar sind. Sie umfasst personale Merkmale wie das Ausbildungsniveau von pädagogischen Fachkräften oder auch die ihnen zugestandene Vor- und Nachbereitungszeit, soziale Merkmale wie Gruppengröße, Altersmischung der Gruppe, Erzieher-Kind-Schlüssel und räumlich-materiale Merkmale wie Anzahl und Größe der zur Verfügung stehenden Räume.

Pädagogische Prozessqualität: Sie bezieht sich auf die Dynamik des pädagogischen Geschehens, auf den Umgang mit dem Kind, auf entwicklungsangemessene, bildungsfördernde Anregungen und Interaktionen, die auf die Bedürfnisse der Kinder abgestellt sind, sowie auf die konkrete Zusammenarbeit mit den Eltern.

Qualität des Familienbezugs: Sie thematisiert, inwieweit das Betreuungsangebot des Kindergartens zu den Bedürfnissen und Lebensrhythmen der Familien der betreuten Kinder passt, ebenso wie die Zusammenarbeit zwischen dem Kindergarten und den Familien der Kinder gestaltet ist und welche Mitwirkungsmöglichkeiten für die Eltern gegeben sind.

Die KES-RZ gibt einen umfassenden Überblick über die *pädagogische Qualität der Prozesse* in einer Kindergartengruppe. Im Zentrum steht die einzelne Gruppe und zunächst nicht eine Einrichtung insgesamt. *Prozessqualität* wird dabei in einem breiten Sinne verstanden. Sie beinhaltet auch gewisse Voraussetzungen wie konzeptionelle Aspekte, Aspekte der räumlich-materiellen Ausstattung und ihrer Nutzung, insbesondere aber solche von bildungs- und entwicklungsfördernden Interaktionen zwischen pädagogischen Fachkräften und Kindern, den Kindern untereinander sowie zwischen den Erwachsenen. In diesem Sinne verstehen wir unter pädagogischen Prozessen all das, was den konkreten Bildungs- und Erfahrungsraum eines Kindes in der Einrichtung unmittelbar gestaltet und beeinflusst.

Die KES-RZ ist nicht auf ein spezifisches pädagogisches Konzept bezogen. Was als gute oder unzureichende pädagogische Qualität betrachtet wird, basiert auf einer Vielzahl von empirischen Untersuchungen zu frühkindlichen Erziehungs- und Betreuungsumwelten und reflektiert die Qualitätsstandards, die Experten, Forscher und Berufsorganisationen weltweit, über kulturspezifische und konzeptbezogene Kriterien hinaus, in einem weitgehenden Konsens als bedeutsam erachten.

Die KES-RZ umfasst 51 Merkmale, die sich auf die Förderung der Kinder im physischen, sozialen, emotionalen, sprachlichen und kognitiven Bereich beziehen und dabei Anforderungen an die Ausstattung der Einrichtung und deren Nutzung sowie an Aufgaben der pädagogischen Fachkräfte zugrunde legen.

Der Auswahl und Formulierung der Merkmale liegen folgende grundlegende pädagogische Orientierungen zugrunde:

1. Kinder sind aktiv Lernende; sie lernen durch ihre Aktivitäten, durch das, was sie tun, hören, erfahren und sehen.
2. Kinder lernen durch die Interaktionen mit ihren pädagogischen Fachkräften und anderen Erwachsenen wie auch durch die Interaktionen mit anderen Kindern. Sprachliche und nicht-sprachliche Interaktionen mit Erwachsenen sind wichtig zur Anregung kindlicher Bildungsprozesse.
3. Eine räumlich-materiale Umwelt, die so organisiert ist, dass Kinder maximal unabhängig und erfolgreich sein können, gibt den Kindern mehr Gelegenheit für produktive Interaktionen, Diskussionen und Freude.
4. Kinder benötigen emotionale Wärme und Geborgenheit und räumliche Möglichkeiten, die diesen Bedürfnissen entgegenkommen, sowie vorhersagbare Routinen, um sich sicher und geschützt zu fühlen.
5. Kinder benötigen Umwelten in ihren Familien und Kindertageseinrichtungen, die aufeinander abgestimmt sind und deren Zusammenarbeit durch wechselseitiges Vertrauen und Respekt gekennzeichnet ist.
6. Eine gute Umwelt für Kinder sollte auch den Bedürfnissen der pädagogischen Fachkräfte, die in ihr arbeiten, sowie den Bedürfnissen der Eltern gerecht werden.

Als Indikatoren für pädagogische Qualität werden zudem ein hohes Maß an Individualisierung der pädagogischen Arbeit und eine auf die Kinder und ihre Bedürfnisse ausgerichtete Planung, die Flexibilität und Veränderung zulässt, angesehen.

2. Einführung in die aktuelle Version

Die KES-RZ ist – nach der ursprünglichen deutschsprachigen Version der KES (Tietze et al. 1997) und den Modifikationen von 2001 und 2007 (Tietze et al. 2001, 2007) – die aktuell gültige Form für den deutschsprachigen Raum. Sie beruht auf der amerikanischen Version von 2005 (Harms, Clifford & Cryer, 2005) und erweitert diese um acht speziell für den deutschsprachigen Raum entwickelte Merkmale: *Autonomie/Selbstständigkeit* (Nr. 34), *Pädagogische Konzeption* (Nr. 39), *Beobachtung und Dokumentation* (Nr. 40), *Individualisierung der pädagogischen Arbeit* (Nr. 41), *Interne und externe Kommunikation* (Nr. 48), *Eingewöhnung* (Nr. 49), *Kontinuität der pädagogischen Fachkräfte* (Nr. 50) *sowie Übergang in die Grundschule* (Nr. 51).

Diese Erweiterung dient dem Versuch, aktuelle Schwerpunkte in der deutschsprachigen Qualitätsdiskussion aufzunehmen und die Operationalisierung des Bereichs Prozessqualität damit zu erweitern und zu vertiefen. Die Anzahl der einzuschätzenden Qualitätsmerkmale erweitert sich damit von 43 auf 51 Merkmale. Die acht Zusatzmerkmale der aktuellen Version sind jeweils durch ein Z gekennzeichnet und in die Struktur der Subskalen integriert (vgl. S. 10, Merkmale der KES-RZ nach acht übergreifenden Bereichen).

Die Entwicklung der Zusatzmerkmale wurde im Rahmen des Forschungsprojekts Trialog[2] begonnen und in verschiedenen Fachkontexten fortgeführt. Bei der endgültigen Entscheidung musste eine Abwägung getroffen werden zwischen der Aufnahme weiterer wünschenswerter Merkmale der Prozessqualität und den praktischen Herausforderungen, die sich mit der Aufnahme weiterer Merkmale stellen. Mit insgesamt 51 Merkmalen ist die Balance zwischen Differenziertheit und praktischer Handhabbarkeit weiterhin gegeben. Die spezielle Kennzeichnung der Zusatzmerkmale (Z-Merkmale) erlaubt weiterhin den internationalen Vergleich, indem die Z-Merkmale bei den entsprechenden Subskalenwerten und beim Gesamtwert nicht berücksichtigt werden.

Methodisch wird die Form von Einschätzskalen mit den sieben Bewertungsstufen *1 (unzureichend), 3 (minimal), 5 (gut)* und *7 (ausgezeichnet)* beibehalten.

Es wird systematisch zwischen »Merkmalen« und »Aspekten« unterschieden. Für jedes der 51 Merkmale und für jede der Skalenstufen 1, 3, 5 und 7 sind ein bis mehrere Aspekte angeführt, die die jeweilige Stufe charakterisieren. Diese Aspekte sind innerhalb jeder Stufe durchnummeriert.

Im *Einschätzbogen* (Muster im Anhang) ist für jeden Aspekt vorgesehen, ihn mit »Ja = diese Beschreibung trifft zu« oder »Nein = diese Beschreibung trifft nicht zu« zu markieren. Bei einigen Merkmalen ist auch »NA = Nicht Anwendbar« möglich. Durch diese Differenzierung in Einzelaspekte wird eine eindeutige Basis für die Gesamtbewertung eines Merkmals gewonnen.

Bei vielen Merkmalen sind Hinweise und Beispiele hinzugefügt, um zusätzliche Informationen zur genaueren Einschätzung zu geben.

Die ergänzenden Hinweise sind zur besseren Nutzung unterhalb der Merkmale angefügt. Für Qualitätsaspekte, die nicht immer leicht zu beobachten sind, sondern erfragt werden müssen, sind Beispielfragen vorhanden, die ebenfalls unterhalb der Merkmale angegeben sind.

2 Im Rahmen des Bundesprojekts »TransKIGS« (https://mbjs.brandenburg.de/media_fast/4113/TransKiGs_in_Brandenburg.pdf; Diskowski 2006) wurde unter dem Teilprojekt »Trialog« gemeinsam mit *infans*, den Autoren des Brandenburger Bildungsplans und dem MBJS die Kompatibilität der drei Bereiche Normierung, Konzeptualisierung und Messung pädagogischer Qualität untersucht. Ziel war es, unter dem Gesichtspunkt aktueller pädagogischer Ansätze und Bildungspläne alle KES-R-Merkmale auf ihre Angemessenheit hin zu überprüfen und erforderliche Zusatzitems zu entwickeln (KES-Z). Wir danken insbesondere Herrn MR i.R. Detlef Diskowski, Frau Beate Andres, Herrn Hans-Joachim Laewen, Herrn Prof. Dr. Ludger Pesch und Frau Prof. Dr. Petra Völkel für ihre Unterstützung.

3. Aufbau der KES-RZ

Die KES-RZ beinhaltet 51 *Merkmale*. Jedes *Merkmal* schließt verschiedene *Aspekte* ein, die das Merkmal differenziert beschreiben. Die 51 Merkmale sind in acht übergeordneten Bereichen zusammengefasst. Bei internationalen Vergleichen sollten die gekennzeichneten Z-Merkmale nicht berücksichtigt werden.

3.1 Bereiche

I. Platz und Ausstattung (8 Merkmale)
Die Merkmale beziehen sich auf die Größe, die Ausstattung mit Mobiliar und Materialien sowie die räumliche Gestaltung, die die physische und psychische Entwicklung der Kinder und die pädagogische Arbeit unterstützen.

II. Pflege und Routinen (6 Merkmale)
Die Merkmale beschreiben die Gestaltung von Begrüßung/Verabschiedung, Mahlzeiten und Zwischenmahlzeiten, Ruhe- und Schlafzeiten, Körperpflege und damit wichtige Aspekte des körperlichen Wohlbefindens der Kinder, ihrer Sicherheit und Gesundheit.

III. Sprachliche und kognitive Anregungen (4 Merkmale)
Die Merkmale erfassen Materialien, Aktivitäten und Anregungen der pädagogischen Fachkräfte, die die Kinder unterstützen, grundlegende Sachverhalte und Zusammenhänge in ihrer Umwelt zu erfassen, und ihren kommunikativen Bedürfnissen und Fähigkeiten gerecht werden und diese weiterentwickeln.

IV. Aktivitäten (10 Merkmale)
Die Merkmale erfassen Materialien, Aktivitäten und Anregungen der pädagogischen Fachkräfte, die den Kindern ermöglichen, ihre Umwelt in vielfältiger Weise zu erkunden, kreativ zu gestalten und ihre Interessen, Fähigkeiten und Fertigkeiten weiterzuentwickeln.

V. Interaktionen (6 Merkmale)
Die Merkmale beschreiben die Verantwortung und Rolle der pädagogischen Fachkräfte bei der Gestaltung des Zusammenlebens mit den Kindern, die Atmosphäre der Beziehungen zwischen allen Beteiligten und die Unterstützung eines Klimas der Akzeptanz und Toleranz.

VI. Strukturierung der pädagogischen Arbeit (7 Merkmale)
Die Merkmale beziehen sich auf die Gestaltung des Alltags in seiner zeitlichen Abfolge, auf die Balance zwischen fester Struktur und Flexibilität, das Eingehen auf individuelle Bedürfnisse und auf die Berücksichtigung der Interessen der Kinder und der Gruppe.

VII. Eltern und pädagogische Fachkräfte (7 Merkmale)
In diesen Merkmalen werden die Bedürfnisse der Erwachsenen thematisiert. Dazu gehören sowohl die räumlichen Voraussetzungen für Erwachsene, die Wünsche der Eltern nach Information, Einbeziehung, Bestätigung und Unterstützung als auch die Bedürfnisse der pädagogischen Fachkräfte nach einer angenehmen Arbeitssituation und Arbeitsatmosphäre, Möglichkeiten der beruflichen Fortbildung und notwendiger Reflexion und Evaluation.

VIII. Übergänge (3 Merkmale)
Die Merkmale dieses Bereichs erstrecken sich auf die Eingewöhnung von Kindern, die Kontinuität der pädagogischen Fachkräfte und den Übergang in die Grundschule.

Die 51 Merkmale der KES-RZ nach acht übergreifenden Bereichen

I. Räume und Ausstattung

1. Innenraum
2. Mobiliar für Pflege, Spiel und Lernen
3. Ausstattung für Entspannung und Behaglichkeit
4. Raumgestaltung
5. Rückzugsmöglichkeiten
6. Kindbezogene Ausgestaltung
7. Platz für Bewegungsaktivitäten
8. Ausstattung für Bewegungsaktivitäten

II. Pflege und Routinen

9. Begrüßung und Verabschiedung
10. Mahlzeiten und Zwischenmahlzeiten
11. Ruhe- und Schlafzeiten
12. Toilette/Wickeln
13. Maßnahmen zur Gesundheitsvorsorge
14. Sicherheit

III. Sprachliche und kognitive Anregungen

15. Nutzung von Büchern und Bildern
16. Anregung zur Kommunikation
17. Nutzung der Sprache zur Entwicklung kognitiver Fähigkeiten
18. Allgemeiner Sprachgebrauch

IV. Aktivitäten

19. Feinmotorische Aktivitäten
20. Künstlerische Aktivitäten
21. Musik und Bewegung
22. Bausteine
23. Sand/Wasser
24. Rollenspiel
25. Naturerfahrungen/Sachwissen
26. Mathematisches Verständnis
27. Nutzung von Medien
28. Kulturelle Vielfalt und Diversität

V. Interaktionen

29. Beaufsichtigung und Begleitung bei Bewegungsaktivitäten
30. Allgemeine Beaufsichtigung und Begleitung
31. Verhaltensregeln/Disziplin
32. Pädagogische Fachkraft-Kind-Interaktion
33. Kind-Kind-Interaktion
34. Autonomie/Selbstständigkeit (Z)

VI. Strukturierung der pädagogischen Arbeit

35. Tagesablauf
36. Freispiel
37. Gruppenstruktur
38. Vorkehrungen für Kinder mit erhöhtem Förderbedarf
39. Pädagogische Konzeption (Z)
40. Beobachtung und Dokumentation (Z)
41. Individualisierung der pädagogischen Arbeit (Z)

VII. Eltern und pädagogische Fachkräfte

42. Zusammenarbeit mit Familien
43. Berücksichtigung persönlicher Bedürfnisse der pädagogischen Fachkräfte
44. Berücksichtigung fachlicher Bedürfnisse der pädagogischen Fachkräfte
45. Interaktion und Kooperation der pädagogischen Fachkräfte
46. Fachliche Unterstützung und Evaluation der pädagogischen Fachkräfte
47. Fortbildungsmöglichkeiten
48. Interne und externe Kommunikation (Z)

VIII. Übergänge

49. Eingewöhnung (Z)
50. Kontinuität der pädagogischen Fachkräfte (Z)
51. Übergang in die Grundschule (Z)

3.2 Beschreibung der Skalenstufen

Die einzelnen *Merkmale* haben die Form von Einschätzskalen mit sieben Bewertungsstufen der pädagogischen Qualität von 1 = unzureichend bis 7 = ausgezeichnet. Die ungeraden Skalenstufen sind inhaltlich beschrieben. Angegeben sind jeweils ein oder mehrere *Aspekte*, deren Vorhandensein die Qualitätsstufe charakterisieren:

- Die Skalenstufe 1 bezeichnet eine unzureichende Qualität. Die Beschreibung bezieht sich auf eine Situation in der Kindergruppe, in der die in dem Merkmal angesprochenen Qualitätsaspekte gar nicht oder völlig unzureichend vorhanden oder gestaltet sind.
- Die Skalenstufe 3 bezeichnet eine minimale Qualität. Die Beschreibung bezieht sich auf eine Situation, in der die zu beurteilenden Aspekte in minimaler, gerade noch vertretbarer Ausprägung gegeben sind. So ist z.B. grundlegendes Material für die Kinder vorhanden, der Anregungsgrad ist jedoch begrenzt und eine pädagogisch durchdachte Nutzung ist kaum erkennbar.
- Die Skalenstufe 5 bezeichnet eine gute Qualität. Die Beschreibung repräsentiert eine Situation, in der zu den zu beurteilenden Aspekten adäquates Material (soweit erforderlich) in adäquaten räumlichen Bedingungen gegeben ist und in der die Kinder mit Unterstützung der pädagogischen Fachkräfte entwicklungsangemessene Erfahrungen machen können.
- Die Skalenstufe 7 bezeichnet eine ausgezeichnete Qualität. Die Beschreibung bezieht sich auf eine Situation, in der die Kinder zu unabhängiger Auseinandersetzung mit den durch das Merkmal angesprochenen Aspekten aufgefordert werden und individuell auf einzelne Kinder abgestimmte Planungen der pädagogischen Fachkräfte erkennbar sind.

4. Anwendung der KES-RZ

4.1 Handhabung der Skala

Die KES-RZ ist eine Einschätzskala, deren Ergebnisse auf der Grundlage einer mehrstündigen Beobachtung durch einen geschulten Beobachter, ergänzt um bestimmte Fragen an die pädagogische Fachkraft, zustande kommen. Die Aussagekraft der Ergebnisse hängt entscheidend von der Genauigkeit der Beobachtung und der ergänzenden Befragung sowie der korrekten Beurteilung der einzelnen Merkmale ab. Um zu möglichst genauen und objektiven Ergebnissen zu gelangen, sind für jedes Merkmal Aspekte der Skalenstufen 1, 3, 5 und 7 beschrieben, z.T. ergänzende Hinweise gegeben und mögliche Fragen als Beispiele formuliert.

Trotz dieser Hilfen muss vor einer naiven Anwendung durch ungeschulte Beobachter dringend gewarnt werden. Nicht geschulte Anwender, ob pädagogische Fachkräfte, Leiterinnen, Fachberaterinnen, Studenten oder Wissenschaftler, bringen als Beobachter jeweils unterschiedliches pädagogisches Vorwissen, unterschiedliche berufliche Erfahrungen und pädagogische Orientierungen mit und haben unterschiedliche Zugänge zur Beobachtertätigkeit, zum Beobachtungsfeld und zur Interpretation der enthaltenen Merkmale und Begriffe. Damit solche subjektiv unterschiedlichen Voraussetzungen nicht zu unterschiedlichen Ergebnissen führen, bedarf es – wie bei sonstigen Beobachtungs- und Einschätzverfahren auch – eines gründlichen Trainings der Anwender.[3]

Dies gilt im vorliegenden Fall umso mehr, als es sich bei den zu beobachtenden und einzustufenden Qualitätsmerkmalen pädagogischer Prozesse um komplexe Gebilde handelt. In der Praxis hat sich ein mindestens viertägiges Anwendertraining als erfolgreich erwiesen, das

- eine Einarbeitung in die Grundlagen der KES-RZ unter pädagogisch-inhaltlichen wie auch unter formal-methodischen Gesichtspunkten beinhaltet,
- praktische Übungen mit Supervision zum Gegenstand hat und
- erst dann als erfolgreich abgeschlossen gilt, wenn ein vorgegebenes Maß an Beobachterübereinstimmung erreicht ist.

Bestandteil des Trainings ist darüber hinaus die Auswertung und Interpretation der Ergebnisse.

Die folgenden praxisbezogenen Hinweise zur Anwendung der KES-RZ dürfen nicht als Ersatz für ein Training missverstanden werden. Sie setzen vielmehr den geschulten

3 Trainingstermine und Anfragen unter www.paedquis.de

Anwender voraus und stellen ergänzende Hinweise dar, die sich in der Praxis der Anwendung der KES-RZ bewährt haben.

Genaue Lektüre der KES-RZ

Auch der geschulte Beobachter sollte vor jeder Anwendung die Merkmale einschließlich der ergänzenden Hinweise und möglichen Fragen noch einmal genau lesen. Grundsätzlich sollte bei der *Skalenstufe 1 (unzureichend)* begonnen und aufsteigend bis *Stufe 7 (ausgezeichnet)* gelesen werden. Durch mehrfaches Lesen und bewusste Auseinandersetzung mit den Qualitätsaspekten werden die Skalenstufen für jedes Merkmal im Regelfall so verinnerlicht, dass sich der Beobachter schnell in der Gesamtskala zurechtfindet.

Beobachten

Die KES-RZ ist eine Einschätzskala auf der Grundlage von Beobachtungen. Die Einschätzung der Merkmale wird hauptsächlich auf der Basis einer drei- bis vierstündigen Beobachtung in einem Kindergarten vorgenommen. Die Beobachter sollten sich zu Beginn etwas Zeit nehmen, um sich eine Grundorientierung über die zur Gruppe gehörenden Räume und die von den Kindern insgesamt genutzten Räume und Plätze zu verschaffen. Man kann die Merkmale je nach ihrer Beobachtungsbasis in Gruppen einteilen. Diese Gruppierung bietet eine Unterstützung bei der Anwendung der KES-RZ.

Gruppe I:

Die Beobachtungen und Einschätzungen können hier mit einigen Merkmalen begonnen werden, wenn noch keine Kinder im Raum sind. Diese Merkmale und die entsprechenden Aspekte sind relativ leicht zu beobachten. Zu dieser Gruppe gehören folgende Merkmale:

Merkmal 1: Innenraum
Merkmal 2: Mobiliar für Pflege, Spiel und Lernen
Merkmal 3: Ausstattung für Entspannung und Behaglichkeit
Merkmal 4: Raumgestaltung
Merkmal 5: Rückzugsmöglichkeiten
Merkmal 6: Kindbezogene Ausgestaltung
Merkmal 14: Sicherheit

Gruppe II:

Einige Merkmale benötigen die Beobachtung von Ereignissen und Aktivitäten, die nur zu bestimmten Tageszeiten stattfinden. Der Beobachter muss diese Merkmale präsent haben, damit eine Einschätzung vorgenommen werden kann, wenn die entsprechenden Situationen auftreten. Zu dieser Gruppe gehören folgende Merkmale:

Merkmal 7: Platz für Bewegungsaktivitäten
Merkmal 8: Ausstattung für Bewegungsaktivitäten
Merkmal 9: Begrüßung und Verabschiedung
Merkmal 10: Mahlzeiten und Zwischenmahlzeiten
Merkmal 11: Ruhe- und Schlafzeiten
Merkmal 12: Toilette/Wickeln
Merkmal 29: Beaufsichtigung und Begleitung bei Bewegungsaktivitäten

Gruppe III:

Einige Merkmale erfordern sowohl die Betrachtung bestimmter Materialien als auch die Beobachtung der Nutzung dieser Materialien. Zu dieser Gruppe gehören folgende Merkmale:

Merkmal 15: Nutzung von Büchern und Bildern
Merkmal 19: Feinmotorische Aktivitäten
Merkmal 20: Künstlerische Aktivitäten
Merkmal 21: Musik und Bewegung
Merkmal 22: Bausteine
Merkmal 23: Sand/Wasser
Merkmal 24: Rollenspiel
Merkmal 25: Naturerfahrungen/Sachwissen
Merkmal 26: Mathematisches Verständnis
Merkmal 27: Nutzung von Medien
Merkmal 28: Kulturelle Vielfalt und Diversität

Gruppe IV:

Interaktionsbezogene Merkmale sollen erst nach einer ausreichenden Beobachtungszeit eingeschätzt werden, um ein entsprechend repräsentatives Bild zu bekommen. Ebenso gilt das für Merkmale, die die Strukturierung der pädagogischen Arbeit betreffen. Zu dieser Gruppe gehören folgende Merkmale:

Merkmal 16: Anregung zur Kommunikation
Merkmal 17: Nutzung der Sprache zur Entwicklung kognitiver Fähigkeiten

Merkmal 18: Allgemeiner Sprachgebrauch
Merkmal 30: Allgemeine Beaufsichtigung und Begleitung
Merkmal 31: Verhaltensregeln/Disziplin
Merkmal 32: Pädagogische Fachkraft-Kind-Interaktion
Merkmal 33: Kind-Kind-Interaktion
Merkmal 34: Autonomie/Selbstständigkeit (Z)
Merkmal 35: Tagesablauf
Merkmal 36: Freispiel
Merkmal 37: Gruppenstruktur
Merkmal 38: Vorkehrungen für Kinder mit erhöhtem Förderbedarf
Merkmal 39: Pädagogische Konzeption (Z)
Merkmal 40: Beobachtung und Dokumentation (Z)
Merkmal 41: Individualisierung der pädagogischen Arbeit (Z)

Gruppe V:

Zu diesen Merkmalen gehören die räumlichen Voraussetzungen, die Wünsche der Eltern nach Information, Einbeziehung, Bestätigung und Unterstützung wie auch die Bedürfnisse der pädagogischen Fachkräfte nach einer angenehmen Arbeitssituation und -atmosphäre, Möglichkeiten der beruflichen Fortbildung und notwendiger Reflexion und Evaluation. Diese Informationen werden vorwiegend im Gespräch erfragt. Zu dieser Gruppe gehören folgende Merkmale:

Merkmal 13: Maßnahmen zur Gesundheitsvorsorge
Merkmal 42: Zusammenarbeit mit Familien
Merkmal 43: Berücksichtigung persönlicher Bedürfnisse der pädagogischen Fachkräfte
Merkmal 44: Berücksichtigung fachlicher Bedürfnisse der pädagogischen Fachkräfte
Merkmal 45: Interaktion und Kooperation der pädagogischen Fachkräfte
Merkmal 46: Fachliche Unterstützung und Evaluation der pädagogischen Fachkräfte
Merkmal 47: Fortbildungsmöglichkeiten
Merkmal 48: Interne und externe Kommunikation (Z)
Merkmal 49: Eingewöhnung (Z)
Merkmal 50: Kontinuität der pädagogischen Fachkräfte (Z)
Merkmal 51: Übergang in die Grundschule (Z)

Eintragungen in den Einschätzbogen

Der *Einschätzbogen* (Muster im Anhang) enthält auf dem Deckblatt Platz für allgemeine Angaben (Einrichtung, Gruppe, Datum, Beginn und Ende der Beobachtungen u.a.m.). Es empfiehlt sich, diese Eintragungen so weit wie möglich vor Beginn der Beobachtung vorzunehmen. Dazu sollte die pädagogische Fachkraft vorab um die erforderlichen Informationen gebeten werden.

Der *Einschätzbogen* enthält des Weiteren die Nummerierungen und die Kurzbezeichnungen der 51 Merkmale. Er ist sowohl für die Einschätzung der Aspekte als auch der Merkmale insgesamt vorgesehen. Die Aspekte werden eingeschätzt mit:

J = Ja, die Beschreibung trifft zu.
N = Nein, die Beschreibung trifft nicht zu.
NA = Nicht anwendbar in der Beobachtungsgruppe (nur zulässig bei besonders gekennzeichneten Aspekten)

Sobald die Beobachtungen hinreichend genaue Informationen erbracht haben, werden zuerst die jeweiligen Aspekte eines Merkmals bearbeitet, d.h., die Kästchen für *J, N, NA* werden für jeden Aspekt sorgfältig markiert. Falls schon genügend Informationen für eine abschließende Einschätzung eines Merkmals vorliegen, wird die zu vergebende Bewertungsstufe für ein Merkmal klar eingekreist (siehe auch Abschnitt 4.2 zum Bewertungssystem). Dort, wo die Informationen noch nicht ausreichen, ist der vorgesehene Platz für Anmerkungen zur Vorbereitung auf das Gespräch mit der pädagogischen Fachkraft zu nutzen. Es wird festgehalten, welche Informationen zur abschließenden Einschätzung fehlen.

Die Eintragung in den *Einschätzbogen* erfolgt in aufsteigender Form, d.h., bei jedem Merkmal wird mit den Aspekten der Stufe 1 begonnen, es folgen die Aspekte der Stufe 3 usw. Die Einschätzung endet bei einem Merkmal, wenn mehr als die Hälfte der Aspekte einer Skalenstufe nicht mehr gegeben sind. Damit ist zugleich der Punktwert *(1-7)* für das jeweilige Merkmal bestimmt. In der Praxis hat sich bewährt, auch die höheren Stufen (Aspekte) eines Merkmals einzuschätzen, selbst wenn diese dann nicht mehr in die Einschätzung des Merkmals eingehen. Positive Einschätzungen auf höheren Stufen können Auskunft darüber geben, welche höheren Qualitätsaspekte schon gegeben sind, an die bei der weiteren Qualitätsentwicklung angeknüpft werden kann, auch wenn sich diese noch nicht in einem insgesamt höheren Punktwert niederschlagen.

Fragen

Vor Beginn der Beobachtungen muss mit der pädagogischen Fachkraft eine Zeit für ein Gespräch vereinbart werden. In dieser Zeit soll sie frei von Verantwortung für die Kinder sein. Für das Gespräch sind ca. 60 Minuten einzuplanen. Eine Befragung der pädagogischen Fachkraft während der Beobachtungszeit muss vermieden werden, da hierdurch der Beobachtungsgegenstand verändert werden kann, indem die pädagogische Fachkraft von möglichen Aktivitäten und Interaktionen mit den Kindern abgehalten wird.

Im *Einschätzbogen* sind *Anmerkungen* zur Erfassung entsprechender Qualitätsaspekte enthalten. Sie sollen helfen, Informationen zur Einschätzung von einzelnen Aspekten zu bekommen.

Fragen sollen nur dann gestellt werden, wenn zusätzlich zu den Beobachtungen weitere Informationen zur Einschätzung benötigt werden. Die Fragen dürfen nicht suggestiv, sondern sollen offen formuliert werden, um die Antworten nicht in eine bestimmte Richtung zu lenken.

4.2 Bewertungssystem

Die abschließenden Einschätzungen der 51 Merkmale werden auf der siebenstufigen Skala wie folgt vergeben:

- Eine Bewertung mit 1 wird gegeben, wenn irgendein Aspekt von 1 mit *Ja* (!) beantwortet wird. Eine *Bewertung mit 1* wird auch dann gegeben, wenn *weniger* als die Hälfte der Aspekte von 3 mit *Ja* beantwortet werden.
- Eine Bewertung mit 2 wird gegeben, wenn *alle* Aspekte von 1 mit *Nein* und *wenigstens* die Hälfte der Aspekte von 3 mit *Ja* beantwortet werden.
- Eine Bewertung mit 3 wird gegeben, wenn *alle* Aspekte von 1 mit *Nein* und alle Aspekte von 3 mit *Ja* beantwortet werden.
- Eine Bewertung mit 4 wird gegeben, wenn *alle* Aspekte von 3 gegeben sind und *mindestens* die Hälfte der Aspekte von 5 mit *Ja* beantwortet werden.
- Eine Bewertung mit 5 wird gegeben, wenn *alle* Aspekte von 5 mit *Ja* beantwortet werden.
- Eine Bewertung mit 6 wird gegeben, wenn alle Aspekte von 5 und *mindestens* die Hälfte der Aspekte von 7 mit *Ja* beantwortet werden.
- Eine Bewertung mit 7 wird gegeben, wenn *alle* Aspekte von 7 mit *Ja* beantwortet werden.
- Eine Bewertung mit NA *(Nicht anwendbar)* darf nur für Aspekte oder ein gesamtes Merkmal gegeben werden, wenn im *Einschätzbogen* die Möglichkeit von *NA* explizit angegeben ist. Mit *NA* gekennzeichnete Aspekte werden bei der Festlegung der Bewertung eines Merkmals nicht berücksichtigt und Merkmale, die mit *NA* gekennzeichnet sind, werden bei der Berechnung der Werte für die Subskalen und den Gesamtwert nicht mitgezählt.

4.3 Auswertung

Basis für die Auswertung sind die Markierungen im *Einschätzbogen* (Muster im Anhang), d.h. die Einschätzungen, welche Qualitätsaspekte der 51 Merkmale auf die Beobachtungsgruppe zutreffen bzw. nicht zutreffen. Die Bewertung der Qualität der einzelnen Merkmale nach dem beschriebenen Bewertungssystem mit den Stufen 1 bis 7 stellt die erste Zusammenfassung der mit der KES-RZ gewonnenen Informationen dar. Diese werden zur besseren Übersicht in das *Auswertungsblatt* (Muster im Anhang) übertragen, um die gewonnenen Ergebnisse auf verschiedenen Ebenen betrachten zu können.

4.3.1 Auswertung auf der Ebene von Merkmalen

Auf der feinsten Auswertungsebene kann jedes der 51 Merkmale einzeln betrachtet werden. Für die einzelnen Bewertungsstufen gilt:

1:	unzureichend	=	schlechte Qualität
2:	unzureichend/minimal	=	schlechte bis gerade noch ausreichende Qualität
3:	minimal	=	gerade noch ausreichende/akzeptable Qualität
4:	minimal/gut	=	minimale bis gute Qualität
5:	gut	=	gute entwicklungsangemessene Qualität
6:	gut/ausgezeichnet	=	entwicklungsangemessene bis ausgezeichnete Qualität
7:	ausgezeichnet	=	ausgezeichnete entwicklungsbezogene Qualität

Durch diese Betrachtung der einzelnen Merkmale sind Stärken und Schwächen schnell identifizierbar.

4.3.2 Profilbildung

Die auf dem *Auswertungsblatt* eingetragenen Bewertungsstufen pro Merkmal können auch noch auf eine andere Art und Weise genutzt werden, indem sie in das *KES-RZ Profil* (Muster im Anhang) übertragen werden. Das Profil erlaubt eine graphische Darstellung der Einschätzung aller Merkmale und Bereiche. Es kann genutzt werden, um Stärken und Schwächen zu identifizieren bzw. zu vergleichen und um Merkmale und Bereiche für die Verbesserung auszuwählen. Die Profile von wenigstens zwei zeitlich verschiedenen Beobachtungen in einer Gruppe können nebeneinander eingetragen werden, um Veränderungen deutlich zu machen.

Für zusammenfassende Qualitätsbeurteilungen ist es notwendig, die für die 51 Merkmale gewonnenen Informationen weiter zu verdichten. Dazu dienen die folgenden Möglichkeiten.

4.3.3 Auswertung auf der Ebene von Bereichen (Subskalen)

Auf der Ebene der acht Bereiche der KES-RZ, die jeweils bestimmte inhaltliche Schwerpunkte der pädagogischen Arbeit in einer Beobachtungsgruppe indizieren, können die Werte für die zu einem Bereich gehörenden Merkmale aufaddiert werden. Die mit *NA* gekennzeichneten Merkmale werden dabei jedoch nicht berücksichtigt. Um wieder die ursprüngliche Einschätzungsskala von 1 bis 7 zu erhalten, muss anschließend durch die Anzahl der jeweils eingeschätzten Merkmale dividiert werden. Durch die Mittelwertbildung über die Merkmale eines Bereichs hinweg können die Ergebnisse der acht Bereiche miteinander verglichen und so wiederum besondere Stärken und Schwächen der jeweiligen pädagogischen Qualität auf der Ebene von Bereichen identifiziert werden.

Auswertungen auf dieser Ebene dürften besonders für Selbstevaluationen bzw. für externe Beratungsprozesse bedeutsam sein. Wenn die Qualität einer bestimmten Anzahl von Gruppen oder Einrichtungen einer Trägerschaft eingeschätzt wird, lassen sich über diese Auswertungsebene z.B. Schlussfolgerungen für qualitätssichernde Maßnahmen ableiten. Für Forschungszwecke können einzelne Bereiche für Spezialuntersuchungen betrachtet werden. Allerdings ist hier zu berücksichtigen, dass aufgrund der niedrigen Merkmalszahlen die Reliabilitäten verringert sind (vgl. Kap. 7).

4.3.4 Auswertung auf der Ebene der Gesamtskala

Für eine zusammenfassende Beurteilung der pädagogischen Qualität in einer oder in mehreren Gruppen einer Einrichtung oder Trägerschaft sowie vor allem für Forschungszwecke kann ein Gesamtwert über alle Merkmale der KES-RZ gebildet und interpretiert werden. Mit *NA* gekennzeichnete Merkmale werden dabei wiederum nicht berücksichtigt. Im Einzelnen werden die Werte von allen Merkmalen aufaddiert; diese Summe wird durch die Anzahl der eingeschätzten Merkmale dividiert. Der Gesamtwert, der auf diese Weise ermittelt wird, liegt zwischen 1 und 7.

4.3.5 Auswertung für internationale Vergleiche

Besonders im Rahmen von Forschungsprojekten mag es von Interesse sein, die mit der KES-RZ gewonnenen Ergebnisse in deutschsprachigen Kontexten mit Befunden aus anderen Ländern zu vergleichen (siehe z.B. Tietze u.a. 2013).

Für solche Vergleiche ist u.a. zu berücksichtigen, dass die deutsche Version der Kindergarten-Skala (KES-RZ) zusätzlich acht Qualitätsmerkmale enthält, die in der amerikanischen Originalversion (Harms, Clifford & Cryer, 2005) nicht enthalten sind. Für internationale Vergleiche werden die deutschen Zusatzitems (Nr. 34, 39, 40, 41, 48, 49, 50, 51, siehe Merkmalsübersicht auf Seite 10) nicht berücksichtigt.

5. Begriffe und Erläuterungen in der KES-RZ

5.1 Erläuterungen zu allgemeinen Begriffen der Skala

Einige Begriffe, die häufig in der KES-RZ bei verschiedenen Merkmalen verwendet werden, sind im Folgenden näher erklärt. Diese Erläuterungen sind für die richtige Anwendung der KES-RZ bedeutsam.

Pädagogische Fachkraft

Der Begriff *Pädagogische Fachkraft* steht für Erwachsene, die direkt mit den Kindern umgehen. In der KES-RZ wird der Begriff *Pädagogische Fachkraft* hauptsächlich im Singular verwendet, auch wenn mehrere Personen in der Kindergruppe arbeiten.

Wenn einzelne *Pädagogische Fachkräfte* Dinge in einer Gruppe unterschiedlich handhaben, ist es notwendig, eine Einschätzung vorzunehmen, die die Situation am treffendsten charakterisiert.

Erwachsene, die nur für kurze Zeit in der Kindertageseinrichtung sind (z.B. Eltern oder Hilfskräfte, die mit den Kindern interagieren), werden nicht mit eingeschätzt.

Vorhanden

Vorhanden bedeutet, dass es entsprechende Materialien in der Kindertageseinrichtung gibt, auch wenn sie für die Kinder nicht täglich erreichbar oder sichtbar sind.

Verfügbar

Verfügbar bedeutet, dass Materialien, die auf oberen Regalen bzw. in verschlossenen Kisten im Gruppenraum aufbewahrt werden, auf Wunsch der Kinder, zu bestimmten Zeiten oder für gezielte Angebote genutzt werden.

Zugänglich

Zugänglich bedeutet, dass die Kinder Materialien, Möbel, Ausstattungsgegenstände usw. selbstständig (ohne Hilfe der pädagogischen Fachkraft) erreichen und nutzen können.

Vielfalt, Menge und Zustand von Material

Zur Erläuterung der Begriffe *einige, ausreichend, viele, vielfältige* und *Vielfalt* sind bei den Merkmalen Erläuterungen in den ergänzenden Hinweisen angegeben. Grundsätzlich gilt für alle *Materialien* und *Ausstattungsstücke*, dass sie in einem *intakten, funktionstüchtigen* und *vollständigen* Zustand sind, auch wenn bei den einzelnen Merkmalen nicht mehr explizit darauf hingewiesen wird. Die Qualität der Materialien ist Voraussetzung für ihre Nutzbarkeit.

Plan und Planung

Plan und Planung bedeuten, dass das Geschehen bzw. die Aktivitäten in der Kindergruppe von der pädagogischen Fachkraft vorher durchdacht bzw. mit einer bestimmten Intention vorbereitet werden. Es braucht dabei kein schriftlicher Plan vorzuliegen.

Ein wesentlicher Teil des Tages

Der Begriff ist bezogen auf die Öffnungs- und Betreuungszeit der Einrichtung. *Mindestens ein Drittel* dieser Zeit muss gegeben sein, damit ein *wesentlicher Teil des Tages* gegeben ist. Um zu entscheiden, ob Materialien oder Aktivitäten für einen *wesentlichen Teil des Tages* verfügbar sind, müssen entsprechende Fragen gestellt werden. Entscheidungsgrundlage ist das, was beobachtet wurde, ergänzt durch Aussagen der pädagogischen Fachkraft, was in der Regel in der übrigen Zeit geschieht.

Dem Alter und dem Entwicklungsstand der Kinder angemessen

Dem Alter und dem Entwicklungsstand der Kinder angemessen sind Materialien dann, wenn die Kinder dieses Material konstruktiv und erfolgreich nutzen können, Spaß am Spielprozess oder dessen Ergebnis haben und das Interesse am Material erhalten bleibt.

5.2 Erläuterungen zu speziellen Begriffen und Fragen bei einzelnen Merkmalen

Bei den meisten der 51 Merkmale finden sich *Ergänzende Hinweise* mit zusätzlichen Informationen für das Verständnis der Merkmale und die Interpretation der Skalenstufen. Merkmale oder Aspekte mit solchen zusätzlichen Erläuterungen sind mit einem Stern (*) gekennzeichnet.

Unter *»Ergänzende Hinweise«* finden sich auch aspektbezogene *Fragen* zur Einschätzung von einzelnen Aspekten, die nicht allein aufgrund der Beobachtungen eingeschätzt werden können. Die Fragen können an die Situation angepasst werden. Fragen sollten aber nur dann gestellt werden, wenn sie für die korrekte Einschätzung erforderlich sind.

6. Nutzungsmöglichkeiten der KES-RZ

Die vorliegende KES-RZ ist ein Verfahren zur *Feststellung und Unterstützung pädagogischer Qualität*, das nach einem entsprechenden Training von Praktikern und Wissenschaftlern gewinnbringend eingesetzt werden kann. Die KES-RZ kann sowohl als Verfahren der Fremdeinschätzung als auch der Selbsteinschätzung genutzt werden.

Für pädagogische Fachkräfte und Leiterinnen einer Einrichtung bietet die KES-RZ die Möglichkeit, einen Überblick über die Prozessqualität mit gegebenen Stärken wie auch Entwicklungsnotwendigkeiten ihrer Kindergartengruppen zu gewinnen. Fachberaterinnen erhalten aufgrund von Einschätzungen mit der KES-RZ einen vergleichenden Überblick über die pädagogische Qualität in Kindergärten ihres Zuständigkeitsbereiches und können so gezielt Beratungen und spezielle Fortbildungen anbieten. Externe Experten für Qualitätsentwicklungen können auf der Grundlage des *»Qualitätsprofils«* der KES-RZ, das Stärken und Schwächen anzeigt, gezielte Qualitätsverbesserungen mit den Teams erarbeiten.

In der Aus- und Fortbildung können die in der KES-RZ enthaltenen Qualitätskriterien für die reflektierende Auseinandersetzung mit Qualitätsfragen, für die persönliche Entwicklung eines professionellen Verständnisses von pädagogischer Qualität wie auch für eine Auseinandersetzung mit verschiedenen Ansätzen zur Qualitätssicherung genutzt werden.

Jugendamtsmitarbeiter können die KES-RZ als objektives Verfahren bei Fragen der Eignungsfeststellung und -überprüfung ergänzend zu Hilfe nehmen.

Nicht zuletzt eignet sich die KES-RZ für wissenschaftliche Untersuchungen zur pädagogischen Qualität in Kindergartengruppen.

7. Technische Qualität der KES-RZ

Ein sinnvoller Einsatz der KES-RZ in Selbstevaluationen und in Fremdevaluationen (d.h. in Beurteilungen durch externe Beobachter) setzt eine entsprechende technische Qualität dieses Erhebungsinstruments voraus. Zur Beurteilung der messtechnischen Güte der KES-RZ sollen im Folgenden die klassischen Gütekriterien Objektivität, Reliabilität und Validität herangezogen werden.

Die KES-RZ ist die erweiterte deutsche Version der Early Childhood Environment Rating Scale – Revised Edition (ECERS-R: Harms, Clifford & Cryer, 2005); ebenso ist sie eine Weiterentwicklung der Kindergarten-Skala (KES-R: Tietze & Roßbach 2007). Von daher können die messtechnischen Eigenschaften beider Versionen als Referenzdaten für die Messgüte der KES-RZ herangezogen werden.

7.1 Objektivität

Zur Bestimmung der Objektivität im Sinne der Beobachterübereinstimmung wurden 51 Paarvergleiche vorgenommen und auf Übereinstimmung verglichen, d.h., dieselbe Kindergartengruppe wurde jeweils von zwei Beobachtern unabhängig voneinander eingeschätzt. Die exakten Übereinstimmungen unter Zugrundelegung aller Merkmale variieren zwischen 42% und 95%, d.h., bei der geringsten Übereinstimmung stimmte ein Beobachterpaar in 42% aller Merkmale exakt überein, das Beobachterpaar mit der höchsten Übereinstimmung stimmte in 95% aller Merkmale überein. Der durchschnittliche Übereinstimmungswert lag bei 70% (Median).

Betrachtet man eine Abweichung von nur einem Skalenpunkt noch als Übereinstimmung – was bei siebenstufigen Skalen als sinnvoll erscheint und in vergleichbaren Fällen häufig angewandt wird – so reichen die Beobachterübereinstimmungen von 60% bis 100% bei einem Mittelwert (Median) von 91%.

Weiterhin wurde für jede Beurteilung der Gesamtwert berechnet und für beide Beobachter korreliert. Die Rangkorrelation (Spearman) ergab einen Wert von r_S=.97.

7.2 Reliabilität

Zur Einschätzung der Reliabilität wurden die Test-Retest-Reliabilität (KES-R) sowie die internen Konsistenzen (für den Gesamtwert wie auch für Subskalen der KES-RZ) geprüft. Zur Bestimmung der Test-Retest-Reliabilität wurden Kindergartengruppen zu zwei verschiedenen Zeitpunkten beobachtet. Die beiden Erhebungszeitpunkte lagen mit ein bis zehn Wochen Abstand relativ nahe beieinander. Dabei gibt es 10 Fälle, in denen der gleiche Beobachter die jeweilige Gruppe zu den beiden Zeitpunkten einschätzte, und 10 Fälle, in denen jeweils verschiedene Beobachter zu den beiden Zeitpunkten eingesetzt wurden. Bei Einsatz desselben Beobachters zu den zwei Zeitpunkten reichen die exakten Beobachterübereinstimmungen über 43 Merkmale von 58% bis 86% (Median 73%) und die Beobachterübereinstimmungen innerhalb einer Skalenstufe von 81% bis 100% (Median 92%). Bei Einsatz von unterschiedlichen Beobachtern reichen die exakten Beobachterübereinstimmungen von 42% bis 77% (Median 65%) und die Beobachterübereinstimmungen innerhalb einer Skalenstufe von 92% bis 98% (Median 92%). Werden die KES-R Gesamtwerte zu den beiden Messzeitpunkten korreliert, so ergeben sich Rangkorrelationen (Spearman) von .92 (gleicher Beobachter) und .88 (verschiedene Beobachter).

Sowohl die Beobachterübereinstimmungen zu den beiden Zeitpunkten wie auch die Rangkorrelationen weisen auf eine gute Test-Retest-Reliabilität hin. Dies gilt genauso für den strengeren Vergleich, wenn zu den beiden Zeitpunkten verschiedene Beobachter eingesetzt werden. Die beurteilte Qualität wechselt somit nicht von einem Zeitpunkt zum anderen, vielmehr erleben die Kinder über diesen Zeitraum die gleiche Qualität. Allerdings muss hierbei berücksichtigt werden, dass die beiden Messzeitpunkte nur ein bis zehn Wochen auseinander lagen.

Tabelle 1 enthält die internen Konsistenzen (Cronbach's ALPHA) für den Gesamtwert der KES-RZ sowie für die Subskalen (Bereiche). Die Ergebnisse beruhen auf Beobachtungen von über 1400 Kindergartengruppen.[4]

Die internen Konsistenzen für die KES-R liegen mit .90 hoch. Auf der Ebene der Subskalen (Bereiche) reichen sie von .54 bis .80.

Tabelle 1: Reliabilitäten (Cronbach's ALPHA) für KES-RZ Gesamt und Subskalen

Skalen	Anzahl der Merkmale	ALPHA	Merkmal-Total-Korrelationen
Gesamtwert	47	.90	.22-.54
Platz und Ausstattung	8	.54	.15-.36
Pflege und Routinen	6	.65	.27-.53
Sprachliche und kognitive Anregungen	4	.75	.37-.66
Aktivitäten	9	.80	.44-.60
Interaktionen	6	.70	.39-.59
Strukturierung der pädagogischen Arbeit	6	.58	.26-.37
Eltern und pädagogische Fachkräfte	7	.59	.24-.46
Übergänge	1	-	-

Bei den etwas niedriger liegenden internen Konsistenzen auf der Subskalenebene muss berücksichtigt werden, dass in die Subskalen nur relativ wenige Merkmale eingehen. Vor diesem Hintergrund sind die internen Konsistenzen für die Subskalen ebenfalls als befriedigend einzuschätzen. Zusammenfassend kann festgehalten werden, dass sich sowohl im Hinblick auf die Test-Retest-Reliabilität als auch im Hinblick auf die internen Konsistenzen zufrieden stellende Werte ergeben.

7.3 Validität

Die Validität der Skala wurde unter zwei Gesichtspunkten überprüft, unter dem Gesichtspunkt der Inhaltsvalidität durch Expertenüberprüfung und unter dem Gesichtspunkt der Übereinstimmungsvalidität durch Vergleich mit Daten der Caregiver Interaction Scale (CIS) von Arnett (1989).

Die KES-RZ im Urteil von Eltern und pädagogischen Fachkräften

Zur Überprüfung der Inhaltsvalidität wurden in Anlehnung an das Vorgehen von Cryer und Burchinal (1997) über 500 Eltern, 60 pädagogische Fachkräfte in Kindergartengruppen und

4 Aufgrund unzureichender Fallzahlen wurden die Merkmale Nr. 27, 38, 50 und 51 (siehe Merkmalsübersicht Seite 10) aus der Analyse ausgeschlossen.

49 Leitungskräfte in Kindertageseinrichtungen gebeten, die Wichtigkeit der Merkmale für gute pädagogische Qualität auf einer fünfstufigen Skala (1=unwichtig bis 5=sehr wichtig) einzuschätzen. Die einzelnen Qualitätskriterien wurden dafür in einer einfachen, zusammenfassenden Sprachform vorgelegt.

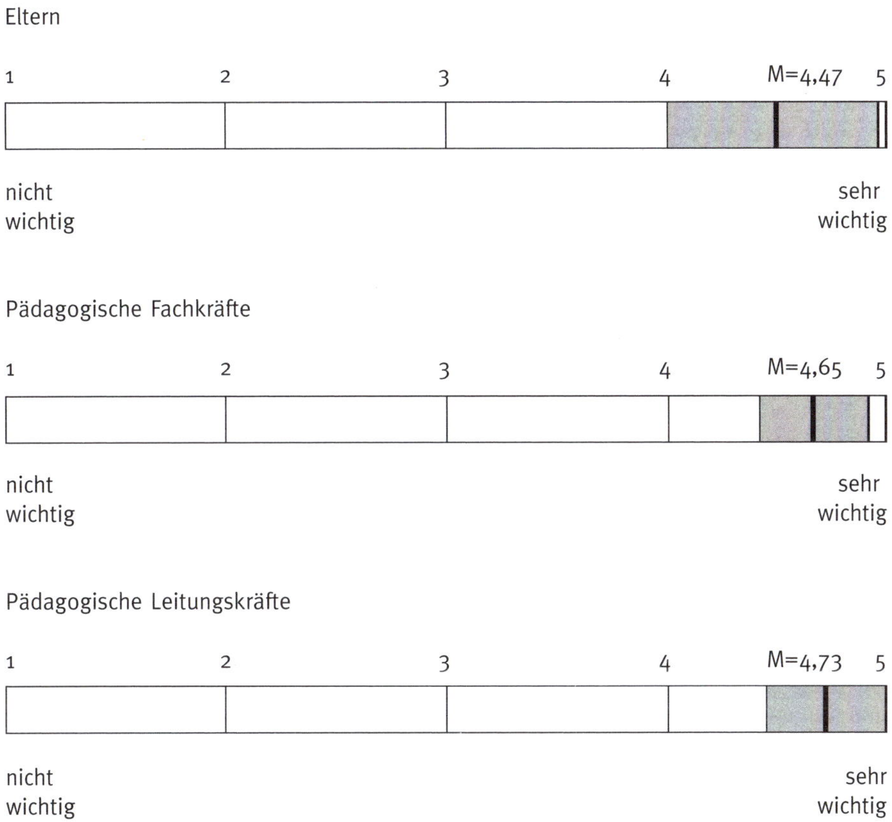

Abbildung 1: Wichtigkeit für Qualitätsmerkmale im Urteil von Eltern, pädagogischen Fachkräften und Leitungskräften, Mittelwerte und Standardabweichungen

Wie aus der Abbildung 1 ersichtlich, stufen alle Befragten die Wichtigkeit der Merkmale im Durchschnitt als wichtig bis sehr wichtig für gute Qualität ein. Die Mittelwerte liegen nahe am Maximalwert von 5. Die Standardabweichungen sind vergleichsweise gering (Eltern: SD=0,48; Pädagogische Fachkräfte: SD=0,24; Pädagogische Leitungskräfte: SD=0,26), was auf ein einheitliches Urteil der Befragten verweist. Die Mittelwerte der Befragtengruppen zeigen zudem, dass pädagogische Fachkräfte und Leitungskräfte die Wichtigkeit der Merkmale tendenziell noch höher einschätzen als die Eltern.

Konsultationskitas im Vergleich

Wie in anderen Bundesländern auch, gibt es im Land Brandenburg 57 sog. Konsultationskitas. Diese werden von der Jugendhilfeadministration nach verschiedenen Kriterien ausgewählt und vom Land besonders gefördert. Sie haben eine Leuchtturmfunktion und dienen als Referenzkitas. Bei einem Vergleich dieser von Experten ausgewählten Konsultationskitas mit einer Stichprobe unausgelesener Kindergärten ergibt sich, dass die Konsultationskitas in allen überprüften Merkmalen statistisch signifikant besser abschneiden als die unausgelesene Stichprobe. Der Durchschnittswert der KES-RZ für die Konsultationskitas beläuft sich auf M=4,90 (SD=0,57), für die unausgelesene Stichprobe auf M=3,78 (SD=0,61). Die Differenz ist statistisch hochsignifikant und von der Größenordnung her substanziell ($t(78)=87{,}80$, $p<.000$).

KES-RZ im Vergleich mit der CIS

Die Validität der KES-RZ wurde auch unter dem Gesichtspunkt der Übereinstimmungsvalidität überprüft, in dem die KES-RZ Werte aus 285 bundesweit streuenden Kindergartengruppen und altersgemischten Gruppen mit den CIS-Werten in diesen Gruppen verglichen wurden. Die *CIS (Caregiver Interaction Scale)* thematisiert dabei das Interaktionsklima in der Erzieher-Kind-Interaktion mit den Teildimensionen *Sensitivität, Involviertheit* und *Akzeptanz*. Die Korrelation ergibt einen signifikanten Zusammenhang von r=.41 zwischen der KES-RZ Qualität und dem Interaktionsverhalten der pädagogischen Fachkräfte, ein Hinweis auf die erwartete übereinstimmende Qualität.

8. Werte der KES-RZ im Vergleich

Die Werte, die bei der Anwendung der Kindergarten-Skala (KES-RZ) gewonnen werden, haben für sich genommen eine bestimmte Aussagekraft. Man wird sich bei der Auswertung die in den einzelnen Qualitätsmerkmalen erzielten Punktwerte genau ansehen und dabei die Beschreibungen der zugrunde liegenden Qualitätsaspekte genau berücksichtigen. Andererseits bleiben bei einer bloßen Betrachtung der individuellen Werte eine Reihe von Erkenntnismöglichkeiten unausgeschöpft: Wie stellt sich das Qualitätsniveau dieser Kindergartengruppe im Vergleich zur Qualität anderer Kindergartengruppen dar? Ist im Vergleich zu den meisten anderen Kindergartengruppen eine eher unterdurchschnittliche, überdurchschnittliche oder eher durchschnittliche Qualität gegeben? Hat sich das aktuelle Qualitätsniveau der untersuchten Kindergartengruppe gegenüber einem bei früherer Gelegenheit festgestellten Niveau verändert? Welches *Qualitätsniveau* lässt sich einer Kindergartengruppe – unabhängig vom Vergleich mit sich selbst oder mit anderen Kindergartengruppen – auf der Grundlage einer Sachnorm attestieren? Die Beantwortung solcher Fragen setzt entsprechende Vergleiche voraus. Durch diese gewinnt das individuelle Ergebnis für eine Kindergartengruppe deutlich an Aussagekraft.

In der diagnostischen Literatur hat sich durchgesetzt, bei Vergleichen von drei unterschiedlichen Bezugsnormen zu sprechen – einer *sozialen*, einer *sachlichen/kriteriumsorientierten* und einer *individuellen* Bezugsnorm.

Soziale Bezugsnorm: Bei der *sozialen* Bezugsnorm ziehen wir alle bisher mit der KES-RZ untersuchten Kindergartengruppen zum Vergleich heran. Dies ermöglicht eine Einordnung der aktuell untersuchten Kindergartengruppe im weiteren Spektrum aller bisher untersuchten Kindergartengruppen.

In der Abbildung 2 ist die prozentuale Verteilung der erzielten Qualitätswerte bei 285 Kindergartengruppen auf der siebenstufigen KES-RZ Skala wiedergegeben. Gleichzeitig sind drei Qualitätszonen markiert: die *Zone unzureichender Qualität* mit den Werten unter 3, die *Zone mittlerer Qualität* mit Werten von 3 bis unter 5 und die *Zone guter bis ausgezeichneter Qualität* mit Werten von 5 bis 7. Die der Abbildung 2 zugrunde liegenden Kindergartengruppen stammen aus verschiedenen Regionen in Deutschland (Baden-Württemberg, Bayern, Berlin, Brandenburg, Niedersachsen, Nordrhein-Westfalen, Sachsen, Sachsen-Anhalt) und wurden hauptsächlich im Rahmen der NUBBEK-Studie untersucht (Tietze u.a. 2013).

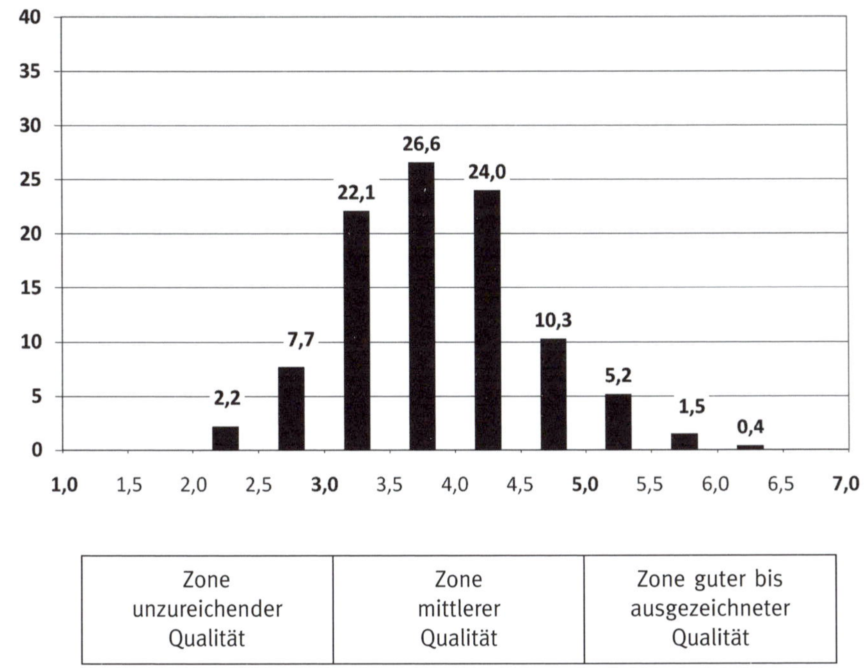

Abbildung 2: Kindergartengruppen nach KES-RZ Gesamtwert (Häufigkeit in Prozent)

Bei einer Kindergartengruppe, die z.B. einen Durchschnittswert von 4,7 Punkten in der KES-RZ erreicht hat, lassen sich damit u.a. die folgenden Aussagen treffen: Die Kindergartengruppe gehört zu den rund 10% Prozent Kindergartengruppen mit KES-RZ Werten zwischen 4,5 und 4,9 Punkten. Lediglich 7,1% weisen eine noch höhere Qualität auf, 82,6% dagegen eine niedrigere Qualität.

Sachliche/kriteriumsorientierte Bezugsnorm: Anhand der Abbildung 2 lässt sich auch unter Zugrundelegung der kriteriumsorientierten Bezugsnorm folgende Aussage treffen: Die Qualität der Kindergartengruppe mit dem Durchschnittswert von 4,7 Punkten auf der KES-RZ liegt danach in der *Zone mittlerer Qualität*, erreicht also noch nicht ganz den Standard guter Qualität (≥5). Die *sachlich/kriteriumsorientierte* Bezugsnorm ist, wie ersichtlich, unabhängig vom Vergleich mit anderen Kindergartengruppen und basiert auf vorab festgelegten, verteilungsunabhängigen Kriterien.

Individuelle Bezugsnorm: Ein solcher Vergleich ist nur möglich, wenn wenigstens zwei Qualitätsmessungen zu unterschiedlichen Zeitpunkten bei derselben Kindergartengruppe vorliegen. In der Praxis wird diese Situation in Abhängigkeit von der Fragestellung häufiger vorkommen. Zu den interessanten Fragestellungen, denen auf diese Weise nachgegangen werden kann, gehören alle Fragen nach Veränderungen wie: Verändert sich die pädagogische Qualität einer Kindergartengruppe, wenn sie länger in Betrieb ist, wenn die pädagogischen Fachkräfte an einer umfassenden Qualitätsentwicklungsmaßnahme teilgenommen haben?

Bei allen Vergleichen sollten nur stärkere Differenzen berücksichtigt und interpretiert werden, um Feststellungen und Interpretationen zu vermeiden, die durch die Datenqualität nicht gedeckt sind.

9. Literaturverzeichnis

Arnett, J. (1989). Caregiver Interaction Scale. Princeton, NJ: Educational Testing Service.

Cryer, D. & Burchinal, M. (1997): Parents as child care consumers. Early Childhood Research Quarterly, 12(1), 35-58.

Cryer, D., Harms, T. & Riley, C. (2003). All about the ECERS-R. A detailed guide in words & pictures to be used with the ECERS-R. New York: Teachers College Press.

Cryer, D., Harms, T. & Riley, C. (2004). All About the ITERS-R. A detailed guide in words and pictures to be used with the ITERS-R. New York: Teachers College Press.

Deutsche Gesellschaft für Ernährung e.V. (Hrsg.) (2015). DGE-Qualitätsstandard für die Verpflegung in Tageseinrichtungen für Kinder (5. Aufl., 2. korrigierter Nachdruck 2015).

Deutsche Gesellschaft für Ernährung e.V. (Hrsg.) (2016). Essen und Trinken in Tageseinrichtungen für Kinder (4. Aufl.). Bonn: DGE.

Deutsche gesetzliche Unfallversicherung (DGUV) (2006). Giftpflanzen. Beschauen, nicht kauen! Verfügbar unter: http://www.kindergaerten-in-aktion.de/downloads/information-giftpflanzen-beschauen-nicht-kauen. Berlin.

Deutsche gesetzliche Unfallversicherung (DGUV) (2007). Unfallverhütungsvorschrift Kindertageseinrichtungen. Berlin.

Deutsche gesetzliche Unfallversicherung (DGUV) (2008). Außenspielflächen und Spielplatzgeräte. Berlin.

Deutsche gesetzliche Unfallversicherung (DGUV) (2009). Kindertageseinrichtungen. Berlin.

Deutsche gesetzliche Unfallversicherung (DGUV) (2014). Medikamentengabe in Kindertageseinrichtungen. Berlin.

Deutsche gesetzliche Unfallversicherung (DGUV) (2015). Erste Hilfe in Kindertageseinrichtungen. Berlin.

Diskowski, D. (2006). Integrierte Bildungssteuerung in der Kindertagesbetreuung. Betrifft Kinder (12/2006), S. S. 52-55.

Diskowski, D. (o.J.): Die Integrierte Qualitätsskala IQS. https://mbjs.brandenburg.de/sixcms/media.php/bb2.a.5813.de/IQS_Diskowski.pdf. Stand: 12.09.2017

Fried, L. & Briedrigkeit, E. (2008). Sprachförderkompetenz – Selbst- und Teamqualifizierung für Erzieherinnen, Fachberatungen und Ausbilder. Berlin: Cornelsen Verlag Scriptor.

Harms, T. & Clifford, R.M. (1980). Early Childhood Environment Rating Scale. New York: Teachers College Press.

Harms, T., Clifford, R.M. & Cryer, D. (1998). Early Childhood Environment Rating Scale. Revised Edition. New York: Teachers College Press.

Harms, T., Clifford. R.M. & Cryer, D. (2005). Early Childhood Environment Rating Scale (ECERS-R) Revised Edition. New York: Teachers College Press.

Harms, T., Cryer, D. & Clifford, R.M. (2006). Infant/Toddler Environment Rating Scale. Revised Edition. New York: Teachers College Press.

Harms, T., Cryer, D. & Clifford, R.M. (2007). Family Child Care Environment Rating Scale. Revised Edition. New York: Teachers College Press.

Katz, L. (1996). Qualität der Früherziehung in Betreuungseinrichtungen: Fünf Perspektiven. In W. Tietze (Hrsg.) (1996). Früherziehung. Trends, internationale Forschungsergebnisse, Praxisorientierungen (S. 226-239). Neuwied: Luchterhand.

Laewen, H.-J., Andres, B. & Hédervári, E. (2011). Die ersten Tage – ein Modell zur Eingewöhnung in Krippe und Tagespflege (7. Aufl.). Berlin: Cornelsen Verlag Scriptor.

Tietze, W., Becker-Stoll, F., Bensel, J., Eckhardt, A., Haug-Schnabel, G., Kalicki, B., Keller, H. & Leyendecker, B. (Hrsg.) (2013). Nationale Untersuchung zur Bildung, Betreuung und Erziehung in der frühen Kindheit (NUBBEK). Weimar, Berlin: verlag das netz.

Tietze, W., Bolz, M., Grenner, K., Schlecht, D. & Wellner, B. (2005). Krippen-Skala (KRIPS-R). Feststellung und Unterstützung pädagogischer Qualität in Krippen. Berlin: Cornelsen Verlag Scriptor.

Tietze, W., Meischner, T., Gänsfuß, R., Grenner, K., Schuster, K.-M., Völkel, P. & Roßbach, H.-G. (1998). Wie gut sind unsere Kindergärten? Untersuchungen zur pädagogischen Qualität in Kindertagesstätten. Neuwied: Luchterhand.

Tietze, W., Roßbach, H.-G., Stendel, M. & Wellner, B. (2005). Hort- und Ganztagsangebote-Skala (HUGS). Weinheim: Beltz.

Tietze, W., Roßbach, H.-G. & Grenner, K. (2005). Kinder von 4 bis 8 Jahren. Zur Qualität der Erziehung und Bildung in Kindergarten, Grundschule und Familie. Weinheim: Beltz.

Tietze, W., Knobeloch, J. & Gerszonowicz, E. (2005). Tagespflege-Skala (TAS). Feststellung und Unterstützung pädagogischer Qualität in der Kindertagespflege. Weinheim: Beltz.

Tietze, W. & Roßbach, H.-G. (Hrsg.), Gerszonowicz, E., Martins Antunes, F. & Nattefort, R. (2015). Kindertagespflege-Skala (TAS-R). Revidierte Fassung. Weimar: verlag das netz.

Tietze, W., Schuster, K.-M. & Roßbach, H.-G. (1997). Kindergarten-Einschätz-Skala. Deutsche Fassung der Early Childhood Environment Rating Scale von Thelma Harms & Richard M. Clifford. Neuwied: Luchterhand.

Tietze, W., Schuster, K.M., Grenner, K. & Roßbach, H.-G. (2001). Kindergarten-Skala. Revidierte Fassung (KES-R). Neuwied: Luchterhand.

Tietze, W., Schuster, K.-M., Grenner, K. & Roßbach, H.-G. (2007). Kindergarten-Skala (KES-R). Feststellung und Unterstützung pädagogischer Qualität in Kindergärten (3. Aufl.). Berlin: Cornelsen Verlag Scriptor.

Tietze, W. & Viernickel, S. (Hrsg.), Dittrich, I., Grenner, K., Hanisch, A. & Marx, J. (2016). Pädagogische Qualität in Tageseinrichtungen für Kinder. Ein Nationaler Kriterienkatalog. Vollständig überarbeitete und aktualisierte Auflage. Weimar: verlag das netz.

Unfallkasse Nordrhein-Westfalen (UK NRW) (2015). Sichere Kita. Mehrzweckraum und Bewegungsraum. Verfügbar unter: www.sichere-kita.de. Berlin.

10. Kindergarten-Skala

(KES-RZ)

I. Räume und Ausstattung

1. Innenraum

Unzureichend		Minimal		Gut		Ausgezeichnet
1	2	3	4	5	6	7
1.1 *Unzureichender* Platz für Kinder, Erwachsene und Mobiliar.*		3.1 *Ausreichender* Platz im Innenbereich für Kinder, Erwachsene und Mobiliar.*		5.1 *Großzügiger* Innenbereich, der es Kindern und Erwachsenen erlaubt, sich frei zu bewegen (z.B. Bewegungsfreiheit der Kinder wird nicht durch Mobiliar eingeschränkt; *ausreichend* Platz für Ausstattung, die Kinder mit erhöhtem Förderbedarf benötigen).*		7.1 Einfall von Tageslicht kann reguliert werden (z.B. durch Blenden oder Vorhänge).
1.2 *Unzureichende* Beleuchtung, Belüftung, Temperaturregulierung oder Geräuschdämpfung.*		3.2 *Angemessene* Beleuchtung, Belüftung, Temperaturregulierung und Geräuschdämpfung.*		5.2 *Gute* Belüftung, Tageslicht durch Fenster oder Oberlicht.		7.2 Belüftung kann reguliert werden (z.B. Fenster können geöffnet werden).*
1.3 Innenraum ist in schlechtem Zustand (z.B. abblätternde Farbe an Wänden oder Decke; raue, beschädigte Böden).*		3.3 Innenraum ist in gutem Zustand.		5.3 Innenraum ist *leicht* zugänglich für Kinder und Erwachsene mit Beeinträchtigungen.*		
1.4 Innenraum ist *nicht* gepflegt (z.B. Böden klebrig oder schmutzig; Abfallbehälter quellen über).		3.4 Innenraum ist *angemessen* sauber und gepflegt.*				
		3.5 Innenraum ist für *alle* Kinder und Erwachsene, die ihn derzeit nutzen, leicht zugänglich (z.B. Rampen und Handgriffe für Kinder und Erwachsene mit Beeinträchtigungen; Zugang für Personen mit Rollstühlen und Gehhilfen).* NA möglich*				

1. Innenraum

Ergänzende Hinweise

1.1, 3.1 Der zur Verfügung stehende Platz im Innenbereich muss in Relation zur Anzahl der angemeldeten Kinder (der Gruppe) gesetzt werden. *»Ausreichender Platz«* bedeutet *mindestens 2,5 qm* pro Kind. Die Grundlage für die Einschätzung ist der Raum, der von den Kindern und Erwachsenen die *meiste Zeit des Tages* genutzt wird. *»Unzureichender Platz«* bedeutet, wenn *nicht* genügend Platz vorhanden ist. *»Ausreichender Platz«* bedeutet, dass genug Platz für *alle* Abläufe vorhanden ist. Der Aspekt 1.1 wird *nur* mit *Ja* eingeschätzt, wenn der Raum extrem überfüllt ist. Der Aspekt 3.1 ist *nicht* gegeben, wenn der Platz nur deshalb *ausreichend* ist, weil grundlegende Ausstattung und Möbel fehlen.

1.2, 3.2 Wenn ein (Gruppen-)Raum sehr laut ist, so dass Gespräche nur schwer möglich sind und der Geräuschpegel offensichtlich unangenehm für Kinder und Erwachsene ist, dann kann dieser Aspekt *nicht* gegeben werden, auch wenn *einige* Materialien zur Geräuschdämpfung vorhanden sind (z.B. Teppiche, Deckenplatten). Wenn der Geräuschpegel unangenehm ist, sind die verwendeten Materialien zur Geräuschdämpfung *nicht* effektiv genug. Dies gilt auch, wenn der Lärm von außen kommt.

1.3 *»In schlechtem Zustand«* bedeutet bauliche Mängel, die mit Gesundheits- und Sicherheitsrisiken verbunden sind.

3.4 Durch die regulären Aktivitäten entsteht während des Tages *einige* Unordnung und Verschmutzung. *»Angemessen sauber«* bedeutet, es ist zu erkennen, dass die Räume *täglich* gereinigt werden (z.B. dass Böden gefegt und gewischt werden) und dass Spuren *größerer* Missgeschicke, wie z.B. verschüttete Getränke, sofort beseitigt werden.

3.5 Dieser Aspekt erfordert, dass der Innenbereich der Einrichtung für Kinder und Erwachsene mit Beeinträchtigungen zugänglich ist.
NA möglich, wenn es *keine* Kinder und Erwachsene mit Beeinträchtigungen in der Einrichtung gibt.

5.1 Um einzuschätzen, ob der Innenbereich *großzügig* ist, müssen die Funktionsbereiche und Bereiche für Pflege und Betreuung berücksichtigt werden: z.B. sollte darauf geachtet werden, ob sich Kinder im Bau- oder Rollenspielbereich beim Spielen frei bewegen können *und* genug Platz zur Aufbewahrung von Material und Ausstattung vorhanden ist. Der Aspekt ist *nicht* gegeben, wenn *zwei oder mehr* Funktionsbereiche überfüllt sind, selbst wenn die Bereiche für Pflege und Betreuung *großzügig* sind.

5.3 Der Innenbereich muss für Kinder und Erwachsene mit Beeinträchtigungen *grundsätzlich* zugänglich sein, unabhängig davon, ob sie in der Einrichtung sind. Die Einschätzung dieses Aspekts ist *nur* mit *Ja* oder *Nein* möglich. Der behindertengerechte Zugang betrifft auch den Eingang zum Gebäude bzw. zur Etage des Gruppenraumes sowie den Zugang zum WC und den Waschraum. Die Türschwellen und Türbreiten *(mind. 90 cm)* müssen ebenso beachtet werden. Wenn die Türschwellen *zu hoch* sind, müssen sie abgeschrägt sein. Die Zugänglichkeit zu *einzelnen* Funktionsbereichen wird unter Merkmal 4 *»Raumgestaltung«* eingeschätzt, die Anpassungen im Toilettenbereich unter Merkmal 2 *»Mobiliar für Pflege, Spiel und Lernen«* sowie Merkmal 12 *»Toilette/Wickeln«*.
Wenn in der Einrichtung mehr als ein Waschraum vorhanden ist, muss *nur einer* für Kinder mit Beeinträchtigungen ausgelegt sein.

7.2 Die Türen zum Außenbereich können in die Einschätzung für die Belüftungsmöglichkeit einbezogen werden, wenn sie ohne Sicherheitsrisiko offen gelassen werden können (z.B. durch Vorrichtung, welche die Kinder daran hindert, den Raum unbemerkt zu verlassen).

2. Mobiliar für Pflege, Spiel und Lernen*

Unzureichend		Minimal		Gut		Ausgezeichnet
1	2	3	4	5	6	7

Unzureichend (1)

1.1 Mobiliar für Pflege, Spiel und Lernen ist *unzureichend* (z.B. nicht genügend Stühle für alle Kinder zur gleichen Zeit vorhanden; kaum offene Regale für Spielmaterialien).*

1.2 Mobiliar ist in so schlechtem Zustand, dass Kinder sich verletzen können (z.B. Splitter oder herausragende Nägel; wacklige Stuhlbeine).

Minimal (3)

3.1 *Ausreichendes* Mobiliar für Pflege, Spiel und Lernen vorhanden.

3.2 *Die meisten* Möbelstücke sind stabil und in gutem Zustand.*

3.3 Spezielles Mobiliar, das Kinder mit erhöhtem Förderbedarf benötigen, ist vorhanden (z.B. Spezialstühle; Polster für Kinder mit körperlichen Beeinträchtigungen).
NA möglich*

Gut (5)

5.1 Angemessenes Mobiliar, um die individuelle Pflege und Betreuung der Kinder zu ermöglichen (z.B. unterschiedliche Stuhlgrößen; kleine Tischgruppen; individuelle Aufbewahrungsmöglichkeiten für das Eigentum der Kinder).*

5.2 *Das meiste* Mobiliar hat kindgerechte Größe.*

5.3 *Alle* Möbelstücke sind stabil und in gutem Zustand.*

5.4 Spezielles Mobiliar für Kinder mit erhöhtem Förderbedarf ermöglicht Einbezug in das Spiel mit anderen Kindern (z.B. Kinder, die spezielle Stühle brauchen, können mit anderen Kindern am Tisch sitzen).
NA möglich*

5.5 *Einige* Sitzmöglichkeiten für pädagogische Fachkräfte vorhanden.*

Ausgezeichnet (7)

7.1 Mobiliar für Pflege und Betreuung ist bequem zu nutzen (z.B. Betten/Schlafmatten sind leicht zugänglich; Eigentumsfächer günstig gelegen; Wickelzubehör nahe Wickeltisch).*

7.2 Werkbank, Sand-/Matschtisch oder Staffelei werden genutzt.*

7.3 Bequeme Sitzmöglichkeiten für pädagogische Fachkräfte vorhanden.*

2. Mobiliar für Pflege, Spiel und Lernen

Ergänzende Hinweise

Bitte beachten, dass hier die komplette Ausstattung gemeint ist, *nicht nur* Möbel für Pflegeroutinen, *sondern auch* Mobiliar für das Spiel und Lernen. Zum Mobiliar für Pflege, Spiel und Lernen gehören Tische und Stühle für Mahlzeiten/Zwischenmahlzeiten und Aktivitäten, Kinderbetten oder (Schlaf-)Matten zum Ausruhen oder Schlafen, Eigentumsfächer *oder* andere Möglichkeiten zur Aufbewahrung der persönlichen Dinge des Kindes sowie niedrige, offene Regale für Spiel- und Lernmaterialien, welche die Kinder selbstständig erreichen und benutzen können.

1.1 *»Unzureichend«* bedeutet, es ist *nicht genug* Mobiliar für Pflege, Spiel und Lernen vorhanden (z.B. genügend Stühle und Tische bei der Essenssituation; es muss jedoch nicht für jedes Kind zum selben Zeitpunkt ein Stuhl vorhanden sein, sofern der pädagogische Ablauf dadurch nicht beeinträchtigt wird). Werden *die meisten* Spielmaterialien in Kisten oder Behältern aufbewahrt und sind *nur wenige* offene Regale vorhanden, wird der Aspekt mit *Ja* eingeschätzt.

3.2 Die Möbelstücke sind stabil (d.h., sie gehen nicht kaputt, fallen nicht um oder zerbrechen nicht beim Benutzen). Wenn stabile Möbelstücke leicht umgeworfen werden können, ist dies ein Sicherheitsproblem (siehe Merkmal 14 *»Sicherheit«*) und *kein* Stabilitätsproblem.

3.3, 5.4 NA möglich, wenn *keine* Kinder mit erhöhtem Förderbedarf in der Gruppe sind oder wenn Kinder mit erhöhtem Förderbedarf keine speziellen Möbel benötigen.

5.1 Zum Mobiliar zählen auch Eigentumsfächer für jedes angemeldete Kind der Gruppe. Um die Privatsphäre der Kinder zu schützen, sollten diese nicht offen und von außen einsehbar sein. Aus Gründen der Privatsphäre dürfen die Eigentumsfächer nicht (ohne vorherige Nachfrage) eingesehen werden.

5.2 Bei diesem Aspekt wird *nur* die Größe von Tischen und Stühlen für die Kinder berücksichtigt. Wenn die Größe von Eigentumsfächern oder anderem Mobiliar unangemessenen ist, wird dies erst unter Aspekt 7.1 eingeschätzt. *»Kindgerechte Größe«* bei Tischen und Stühlen bedeutet: Beim Sitzen können sich die Kinder mit dem Rücken anlehnen und gleichzeitig mit den Füßen den Boden berühren. Die Füße des Kindes bleiben beim Sitzen auf dem Boden, die Tischhöhe ist so, dass die Knie unter den Tisch und die Ellbogen auf den Tisch passen. Hier sollte auch beurteilt werden, ob die Tische und Stühle *zu klein* sind. Wenn *etwa 75%* der Kinder Tische und Stühle in *angemessener* Größe nutzen können, kann dieser Aspekt als gegeben eingeschätzt werden. Kinder sind in Abhängigkeit vom ihrem Alter unterschiedlich groß, von daher sollte das Mobiliar die richtige Größe für die zu betreuende Altersgruppe haben.

5.3 Dieser Aspekt sollte *nicht* zu streng eingeschätzt werden. Falls ein *kleinerer Mangel* kein Sicherheitsrisiko darstellt, kann dieser Aspekt gegeben werden (wenn bspw. ein Stuhl oder Tisch etwas wackelt, aber bei der Benutzung *nicht* zerbricht oder Stürze verursacht, oder wenn ein Couch-Bezug nur etwas abgenutzt ist, aber kein Schaumstoff herausschaut), es sei denn, dass *viele kleinere Mängel* einen schlechten Gesamteindruck vermitteln.

5.5, 7.3 Pädagogische Fachkräfte nutzen während der pädagogischen Arbeit mit den Kindern ggf. auch Kinderstühle oder andere Möbelstücke zum Sitzen. Der *Aspekt 5.5* ist gegeben, wenn die pädagogischen Fachkräfte mit den vorhandenen Sitzmöglichkeiten gut zurechtkommen. Für eine Einschätzung mit 7 (Aspekt 7.3) müssen erwachsenengerechte Stühle vorhanden sein.

7.1 »Ist bequem zu nutzen« bezieht sich auf die Personen, die bspw. die Betten/Schlafmatten herrichten. Wenn die Kinder ihre Betten/Schlafmatten selbst herrichten, müssen diese für sie gut erreichbar sein. Für eine bequeme Nutzung müssen die Eigentumsfächer der Kinder im bzw. am Gruppenraum sein.

7.2 Um diesen Aspekt als gegeben einzuschätzen, ist es *nicht* zwingend erforderlich zu beobachten, dass eine Werkbank, ein Sand-/Matschtisch oder eine Staffelei genutzt werden. Es sollte jedoch erkennbar sein, dass dieses Mobiliar für die entsprechenden Aktivitäten zur Verfügung steht und z.B. nicht *nur zur* Ablage genutzt wird. Bei Unklarheiten sollte die pädagogische Fachkraft gefragt werden, wie und wann dieses Mobiliar genutzt wird.

Fragen

7.2 Gibt es in der Einrichtung eine/n Werkbank bzw. Werkraum, einen Sand-/Matschtisch oder eine Staffelei, die die Kinder nutzen können? Wenn ja, wie oft und wann nutzen Sie dieses Mobiliar mit den Kindern?

I. Räume und Ausstattung

3. Ausstattung für Entspannung und Behaglichkeit*

Unzureichend		Minimal		Gut		Ausgezeichnet
1	2	3	4	5	6	7
1.1 *Keine* weichen Ausstattungsgegenstände zugänglich (z.B. gepolsterte Möbel, Kissen, Teppiche, Knautschsitze). 1.2 *Keine* weichen Spielzeuge zugänglich (z.B. Stofftiere, weiche Puppen).*		3.1 *Einige* weiche Ausstattungsgegenstände zugänglich (z.B. mit Teppichen ausgelegte Spielbereiche, Kissen).* 3.2 *Einige* weiche Spielzeuge zugänglich.*		5.1 Kuschelecke für die Kinder für einen *wesentlichen Teil des Tages* zugänglich.* 5.2 Kuschelecke wird *nicht* für lebhaftes Spiel genutzt.* 5.3 *Die meisten* weichen Ausstattungsgegenstände sind sauber und in gutem Zustand.*		7.1 Zusätzlich zur Kuschelecke sind *weitere* weiche Ausstattungsgegenstände zugänglich (z.B. Kissen im Rollenspielbereich; mit Teppichen ausgelegte Spielbereiche; Wand- oder Deckenbehang).* 7.2 *Viele* saubere, weiche Spielzeuge zugänglich.*

3. Ausstattung für Entspannung und Behaglichkeit

Ergänzende Hinweise

Die Ausstattung wird bei Spiel- und Lernaktivitäten dem Bedürfnis der Kinder nach Sanftheit und Kuscheligkeit gerecht. Die Ausstattungsgegenstände für Pflege und Versorgung wie Kinderbetten, Decken und Kissen, die für Ruhe- und Schlafzeiten genutzt werden, werden bei der Einschätzung dieses Merkmals nicht berücksichtigt. Diese werden bei Merkmal 2 *»Mobiliar für Pflege, Spiel und Lernen«* eingeschätzt.

1.2 Beispiele für weiche Spielzeuge schließen Stoffpuppen (auch mit hartem Kopf und Händen), weiche Stoffpuppen sowie Stofftiere verschiedener Größen (kleine, die in der Hand gehalten werden können, und größere, auf denen die Kinder sitzen oder liegen können) mit ein.

3.1 *»Einige weiche Ausstattungsgegenstände«* bedeutet, dass *mindestens zwei* weiche Ausstattungsgegenstände zugänglich sind.

3.2 *»Einige weiche Spielzeuge zugänglich«* bedeutet, dass *mindestens drei* weiche Spielzeuge für die Kinder zugänglich sind.

5.1 Eine *»Kuschelecke«* ist ein klar abgegrenzter Bereich, der mit weichen und kuscheligen Gegenständen ausgestattet ist, in dem Kinder entspannen, träumen, Bücher betrachten oder leise spielen können. Er kann z.B. aus einem weichen Teppich mit verschiedenen Polsterelementen, einem Sofa oder einer bezogenen Matratze mit Kissen bestehen. Die Kuschelecke sollte den Kindern einen *beträchtlichen Anteil* an Kuscheligkeit bieten. Dies bedeutet, dass die behagliche Ausstattung den Kindern ermöglichen sollte, sich komplett aus dem üblichen aktiven Umfeld des Gruppenalltags zurückzuziehen. *Einzelne* weiche Gegenstände (z.B. kleiner gepolsterter Stuhl; kleiner Knautschsitz; ein paar Stofftiere oder eine Ecke mit Teppich) allein bilden *keine* Kuschelecke. Bei einer Kombination dieser weichen Ausstattungsgegenstände ist eine positive Einschätzung möglich. Große Gegenstände, z.B. Matratzen, eine Couch oder ein großer Knautschsack können positiv eingeschätzt werden, wenn sie den benötigten beträchtlichen Anteil an Kuscheligkeit bieten. Eine Kombination einer Kuschel- und Leseecke ist möglich.

5.1, 5.2 Wenn es *zwei oder mehr* Kuschelecken gibt, muss *nicht jede* von ihnen die Anforderungen der Aspekte 5.1 und 5.2 erfüllen. Es muss jedoch *immer* einen Bereich geben, der *ein hohes Maß* an Kuscheligkeit bietet und in dem die Kinder entspannen können und der *nicht* für lebhaftes Spiel genutzt wird. Es muss ersichtlich sein, dass ein Kind, welches die Kuschelecke nutzen möchte, *nicht* von aktiv spielenden Kindern gestört wird. Für die Einschätzung, ob die Kuschelecke für *»einen wesentlichen Teil des Tages«* zugänglich ist, steht, können *alle* kuscheligen Bereiche berücksichtigt werden.

5.2 Die *»Kuschelecke«* kann auch *kurzzeitig* für Gruppenaktivitäten genutzt werden (z.B. zum Tanzen oder zum Morgenkreis), sollte aber für den *Großteil des Tages* vor lebhaftem Spiel geschützt sein. Sie sollte von aktiven Spielbereichen getrennt sein (z.B. durch Raumaufteilung oder Abgrenzungen) und *nicht* an Laufwegen liegen. Die pädagogische Fachkraft sollte dafür sorgen, dass Kinder, die in der Kuschelecke entspannen wollen, *nicht* durch andere, aktive Kinder gestört werden.

5.3 *»In gutem Zustand«* meint, dass die Kissen, Knautschsäcke und die Couch keine Risse aufweisen sollten (aus denen gegebenenfalls die Füllung herausdringt). *»Die meisten weichen Ausstattungsgegenstände«* bedeutet, dass es nur *ein oder zwei kleinere* Ausnahmen gibt.

7.1 Der Aspekt ist *nur* dann gegeben, wenn *zusätzliche* weiche Ausstattungsgegenstände während des Spiels zugänglich sind. Ein Teppich, auf dem bspw. ein Tisch steht und der *nicht* zum darauf Sitzen oder Spielen genutzt werden kann, wird *nicht* als weicher Ausstattungsgegenstand berücksichtigt.

7.2 *»Viele«* bedeutet, dass *genügend* weiche Spielzeuge zugänglich sind, damit die Kinder sich nicht darum streiten müssen: Für *Zwei- bis Dreijährige* sollten wenigstens *zwei* weiche Spielzeuge pro Kind zugänglich sein. Für *Vierjährige und Vorschulkinder* sollten es wenigstens *10* weiche Spielzeuge insgesamt sein, bei *mehr als 20* Kindern in der Gruppe genügend für *die Hälfte* der Kinder.

I. Räume und Ausstattung

4. Raumgestaltung

Unzureichend		Minimal		Gut		Ausgezeichnet
1	2	3	4	5	6	7

Unzureichend (1)

1.1 *Keine* Funktionsbereiche/-räume ausgewiesen.*

1.2 Überblick über Spielbereiche ist schwierig.*

Minimal (3)

3.1 *Mindestens zwei* Funktionsbereiche/-räume ausgewiesen.*

3.2 Überblick über Spielbereiche ist *nicht* schwierig.*

3.3 Platz reicht aus, so dass *verschiedene* Aktivitäten gleichzeitig möglich sind (z.B. Platz am Boden für Spiel mit Bausteinen; Platz für Tischspiele; Staffelei für künstlerische Aktivitäten).*

3.4 *Die meisten* Spielbereiche sind für Kinder mit erhöhtem Förderbedarf zugänglich.
NA möglich*

Gut (5)

5.1 *Mindestens drei* Funktionsbereiche/-räume ausgewiesen und gut ausgestattet (z.B. Wasser in der Nähe des Malbereichs; *angemessene Regale* für Bausteine und Tischspiele).*

5.2 Bereiche für ruhiges und lebhaftes Spiel sind voneinander getrennt, so dass Aktivitäten *nicht* gestört werden (z.B. Lesebereich ist getrennt vom Bau- oder Rollenspielbereich).*

5.3 Raum ist so gestaltet, dass *die meisten* Aktivitäten ungestört ablaufen können (z.B. Regale sind so gestellt, dass Laufwege *nicht* durch Aktivitätsbereiche führen; Möbel sind so gestellt, dass Toben und Rennen im Gruppenraum vermieden werden).

Ausgezeichnet (7)

7.1 *Mindestens fünf* verschiedene Funktionsbereiche/-räume ermöglichen eine Vielfalt an Lernerfahrungen.*

7.2 Gestaltung der Funktionsbereiche/-räume unterstützt die selbstständige Nutzung durch die Kinder (z.B. gekennzeichnete/beschriftete offene Regale und Spielzeugbehälter; offene Regale sind nicht überfüllt; Aufbewahrung der Spielmaterialien und Platz zum Spielen liegen dicht beieinander).*

7.3 *Zusätzliche* Materialien sind vorhanden, um Funktionsbereiche/-räume regelmäßig zu erweitern oder zu verändern.*

4. Raumgestaltung

Ergänzende Hinweise

1.1, 3.1, 5.1, 7.1 Beispiele für *»Funktionsbereiche/-räume«* sind Lese-, Bau-, Rollenspiel-, Kuschel-, Mal- und Musikbereiche, Natur- und Experimentierbereiche sowie Bereiche für feinmotorische Aktivitäten. In den *»Funktionsbereichen/-räumen«* werden zusammengehörige Materialien so aufbewahrt, dass sie für die Kinder zugänglich sind. Die Bereiche sollen so ausgestaltet sein, dass die Kinder dort bestimmte Spiele ausführen können.

1.2, 3.2 Der Aspekt 1.2 wird *nur* dann mit *Ja* eingeschätzt, wenn der Überblick für die Kinder schwierig ist. Hierbei sollte auch das Alter der Kinder berücksichtigt werden. *»Überblick über Spielbereiche ist nicht schwierig«* meint, dass sich die Kinder gut orientieren können. Hier sollte die Kinderperspektive beachtet werden.

3.3 Hier ist einzuschätzen, ob *genügend* Platz für wenigstens *drei* verschiedene Aktivitäten gleichzeitig für *einen wesentlichen Teil des Tages* vorhanden ist.

3.4 NA möglich, wenn *keine* Kinder mit erhöhtem Förderbedarf in der Gruppe betreut werden.

5.2 Gemeint ist eine wirkliche räumliche Trennung, d.h. ein Abstand zwischen den Bereichen für lebhaftes und lautes Spiel und den Bereichen für ruhiges Spiel und Entspannung. Eine Abtrennung, wie z.B. durch ein offenes Regal, reicht *nicht* aus, um den Geräuschpegel genügend zu reduzieren. Für eine positive Einschätzung müssen *alle* Ruhebereiche von denen für lebhaftes Spiel getrennt sein.

7.2 Für eine positive Einschätzung müssen *fast alle* Spielmaterialien *in allen* Funktionsbereichen für die Kinder selbstständig nutzbar sein, eine Beschriftung ist *nicht in allen* Bereichen notwendig. Andere geeignete Beispiele sind: Regale sind nicht überfüllt, durchsichtige oder beschriftete Behälter zur Aufbewahrung der Spielzeuge, Materialien wie z.B. Puzzles oder Spiele sind leicht aus dem Regal zu nehmen, zusammengehörige Materialien werden zusammen aufbewahrt, Behälter mit Deckel können von den Kindern leicht geöffnet werden.

7.3 Für eine positive Einschätzung dieses Aspekts sollten *zusätzliche* Materialien *monatlich* ergänzt oder ausgetauscht werden.

Fragen

7.3 Gibt es *zusätzliche* Materialien zur Erweiterung der *»Funktionsbereiche/-räume«*? Wenn ja, wie oft findet eine Ergänzung/ein Austausch statt?

5. Rückzugsmöglichkeiten*

Unzureichend		Minimal		Gut		Ausgezeichnet
1	2	3	4	5	6	7

1.1 Den Kindern ist es *nicht* möglich, *allein oder mit einem anderen* Kind, ungestört durch andere Kinder, zu spielen.

3.1 Kinder dürfen sich zurückziehen (z.B. hinter Möbeln oder Raumteiler, in eine ruhige Ecke des Raumes, in ein Spielhaus im Außenbereich).

3.2 Rückzugsmöglichkeiten/-bereiche können von der pädagogischen Fachkraft leicht überblickt werden.*

5.1 Spezieller Rückzugsbereich, in dem *ein* oder *zwei* Kinder ohne Störungen durch andere spielen können (z.B. durch Regel, dass Kinder *nicht* gestört werden dürfen; Platz ist durch Regale geschützt).*

5.2 Dieser Rückzugsbereich ist an einem *wesentlichen Teil des Tages* zugänglich.*

7.1 Es gibt *mehr als einen* Rückzugsbereich.

7.2 Pädagogische Fachkraft plant neben den allgemeinen Gruppenaktivitäten Aktivitäten für *ein oder zwei* Kinder im Rückzugsbereich (z.B. zwei Steckbrettspiele an einem kleinen Tisch in einer ruhigen Ecke; Computer, der *von einem* oder *zwei* Kindern gleichzeitig genutzt werden kann).*

5. Rückzugsmöglichkeiten

Ergänzende Hinweise

Gemeint ist hier die Möglichkeit, dass sich die Kinder vom Druck des Gruppengeschehens zurückziehen und entweder *alleine oder mit einem oder zwei anderen Kindern* – ungestört durch andere Kinder, aber nicht »unsichtbar« für die pädagogische Fachkraft – spielen können. Die Trennung eines Kindes von der Gruppe als Strafe ist hier nicht gemeint. *»Rückzugsmöglichkeiten«* können gestaltet werden durch die Abgrenzung von Bereichen durch Möbel (z.B. Bücherregale), durch feste Regeln, nach denen die in bestimmten Bereichen spielenden Kinder *nicht* gestört werden dürfen, oder durch die Begrenzung der Kinderzahl in bestimmten Bereichen. Weitere Beispiele für *Rückzugsmöglichkeiten* sind: ein Bereich auf einer zweiten Ebene im Gruppenraum; Funktionsbereiche, deren Nutzung auf *ein oder zwei Kinder* beschränkt ist; ein großes (evtl. mit Polstern versehenes) Kartonhaus mit ausgeschnittenen Fenstern oder ein kleines Spielhaus im Außenbereich.

3.2 Alle Rückzugsmöglichkeiten/-bereiche müssen von den pädagogischen Fachkräften gut überblickt werden können. Es genügt, dass die pädagogische Fachkraft darüber Bescheid weiß, wo die Kinder sind und dass *wenigstens* Hörkontakt besteht. Es müssen also sowohl die räumlichen Gegebenheiten als auch die Personalsituation und eventuell bestehende Regeln berücksichtigt werden. Türen sollten offen bleiben – geschlossene Türen mit (Glas-)Fenstern sind jedoch tolerabel. Zu beachten ist hierbei, dass die *»Rückzugsmöglichkeiten«* allerdings *nicht* in einem potenziell gefährlichen Bereich liegen dürfen (siehe Merkmal 14 *»Sicherheit«*).

5.1 Grundsätzlich kann ein Rückzugbereich eine Doppelfunktion haben, z.B. zugleich eine Leseecke oder Kuschelecke sein. Besonders wichtig für die Definition eines Rückzugsbereiches sind die Regeln, die den Kindern in der Gruppe bekannt sind. Durch diese Regeln muss gesichert sein, dass die Kinder den Rückzugbereich auch *alleine oder zu zweit* nutzen können. Für eine positive Einschätzung ist erforderlich, dass die pädagogische Fachkraft, falls nötig, für die Einhaltung dieser Regeln sorgt.

5.2 Dieser Aspekt bezieht sich auf den speziellen Rückzugsbereich in 5.1. Wird 5.1 nicht gegeben, ist auch 5.2. mit *Nein* einzuschätzen.

7.2 Hier sind pädagogische Fachkräfte gemeint, die regulär in der Gruppe arbeiten. Aktivitäten, die von speziellen Fachkräften (z.B. interne/externe Sprachtherapeuten oder Ergotherapeuten) mit einem oder zwei Kindern im Laufe des Tages durchgeführt werden, zählen nicht zu diesem Aspekt.

Fragen

7.2 Planen Sie neben den allgemeinen Gruppenaktivitäten auch Aktivitäten für *ein oder zwei* Kinder im Rückzugsbereich? Wenn ja, nennen Sie bitte Beispiele.

6. Kindbezogene Ausgestaltung

Unzureichend		Minimal		Gut		Ausgezeichnet
1	2	3	4	5	6	7
1.1 *Keine* Gegenstände bzw. Materialien für die Kinder ausgestellt. 1.2 Ausgestellte Gegenstände sind *unangemessen* für die Altersgruppe (z.B. Materialien sind eher für ältere Kinder oder Erwachsene geeignet, Darstellungen von Gewalt).*		3.1 *Angemessene* Gegenstände/Materialien für die Altersgruppe (z.B. Fotos der Kinder; Kinderreime; Zahlen und Buchstaben für ältere Kinder; jahreszeitliche Ausgestaltung).* 3.2 *Einige* Arbeiten der Kinder sind ausgestellt.*		5.1 *Ein Großteil* der Ausgestaltung ist eng auf aktuelle Aktivitäten und auf die Kinder der Gruppe bezogen (z.B. Mal- und Bastelarbeiten der Kinder; Fotos von kürzlichen Aktivitäten).* 5.2 Arbeiten der Kinder *überwiegen*.* 5.3 *Viele* Gegenstände in Augenhöhe der Kinder.		7.1 Individuelle Arbeiten der Kinder dominieren.* 7.2 *Drei*dimensionale Arbeiten und Obekte sind ausgestellt (z.B. Ton, Knet-, Holzarbeiten).*

6. Kindbezogene Ausgestaltung

Ergänzende Hinweise

1.2, 3.1 Die Materialien müssen sinnvoll für die Kinder sein. Der Aspekt 1.2 wird mit *Ja* eingeschätzt, wenn *über 50%* der Ausgestaltung im Raum für *über 50%* der Kinder unangemessen ist *oder* wenn in den Materialien Gewalt dargestellt wird *oder* Vorurteile vermittelt werden. *»Angemessen«* bedeutet: dem Entwicklungsstand der Altersgruppe und den individuellen Fähigkeiten der Kinder entsprechend. Berücksichtigt werden soll *nur* der Raum bzw. die Räume, in denen die Kinder den *wesentlichen Teil des Tages* verbringen. Der Aspekt 3.1 ist gegeben, wenn *75%* der Ausgestaltung für die Kinder angemessen ist und *keine* Gewalt dargestellt und *keine* Vorurteile vermittelt werden.

3.2 *»Einige«* bedeutet, dass *wenigstens zwei* Arbeiten der Kinder in Augenhöhe ausgestellt sind.

5.1 *»Ein Großteil der Ausgestaltung«* bedeutet etwa *ein Drittel*. Für diesen Aspekt ist erforderlich, (1) dass ein Zusammenhang zwischen den ausgestellten Arbeiten und aktuellen Aktivitäten der Kindergruppe besteht. Es sollte erkennbar sein, dass die pädagogische Fachkraft die Ausgestaltung als Lernumgebung für die Kinder nutzt, diese sich mit den Themen und Interessen der Kinder verändert und die Erfahrungen der Kinder erweitert. Wenn die Gruppe bspw. die Jahreszeit, ein naturwissenschaftliches Projekt oder einen geplanten Ausflug thematisiert, sollte dies in der Ausgestaltung präsentiert sein. Die Arbeiten der Kinder sind nicht in die Einschätzung einzubeziehen, wenn sie *keinen* Bezug zu den aktuellen Projekten, Themen oder Aktivitäten haben. Die ausgestellten Arbeiten sollten sich auf Aktivitäten *innerhalb des letzten Monats* beziehen. Zudem ist erforderlich, dass (2) die Kinder der Gruppe in der Ausgestaltung repräsentiert sind, z.B. durch Fotos oder Selbstportraits, Geschichten, die von den Kindern erzählt wurden, Zeichnungen etc., die mit Hilfe der Kinder entstanden sind.

5.2 Die Grundlage für die Einschätzung ist der Gesamteindruck. Berücksichtigt werden soll eher der subjektive Eindruck der *verschiedenen* Bereiche; es ist *nicht* erforderlich, *die einzelnen* Arbeiten zu zählen. Wenn die Arbeiten der Kinder annähernd *50%* der Ausgestaltung ausmachen, ist dieser Aspekt gegeben. Wenn die Arbeiten der Kinder erst gesucht werden müssen, ist dieser Aspekt *nicht* gegeben.

7.1 Dieser Aspekt ist gegeben, wenn *über 50%* der ausgestellten Arbeiten der Kinder *individuell* gestaltet sind. *»Individuelle Arbeiten«* bedeutet, dass sich *jedes* Kind den Gegenstand seiner Arbeit und/oder das Material selbst ausgesucht und die Arbeit in seiner eigenen, kreativen Art und Weise gestaltet hat. *Individuelle Arbeiten* der Kinder unterscheiden sich demnach stark voneinander. Produkte und Arbeiten, bei denen die Kinder von der pädagogischen Fachkraft angeleitet werden und *nur wenige* Möglichkeiten zum individuellen, kreativen Gestalten haben, werden *nicht* berücksichtigt (z.B. eine Arbeit, die unter Verwendung von Vorlagen entstanden ist).

7.2 Als *»Dreidimensionale Arbeiten«* gelten solche Werke der Kinder, die Höhe, Breite und Tiefe haben. Die Kinder müssen in der Lage sein, in *alle* Richtungen zu bauen, wenn sie mit Materialien wie Styropor, Holz, Ton oder Knetmasse gestalten. Das Aufkleben von Dingen auf eine Oberfläche (z.B. Kleben von Schnipseln oder anderen Materialien auf Papier oder Pappe) wird *nicht* als *drei*dimensional eingeschätzt.

Fragen

5.1 Beziehen sich die ausgestellten Dinge auf ein Thema, das innerhalb des letzten Monats in der Gruppe von Interesse war? Wann sind die ausgestellten Arbeiten der Kinder entstanden?

I. Räume und Ausstattung

7. Platz für Bewegungsaktivitäten*

Unzureichend		Minimal		Gut		Ausgezeichnet
1	2	3	4	5	6	7
1.1 *Weder* draußen *noch* drinnen Platz für Bewegungsaktivitäten. 1.2 Bereich für Bewegungsaktivitäten ist *sehr* gefahrenreich (z.B. Zugang erfordert lange Wege auf verkehrsreichen Straßen; der Spielbereich dient gleichzeitig als Parkplatz; Außenbereich ist *nicht* umzäunt).*		3.1 *Gewisser* Platz für Bewegungsaktivitäten draußen *oder* drinnen vorhanden.* 3.2 Bereich für Bewegungsaktivitäten ist *im Allgemeinen* sicher (z.B. abgefederter Boden unter Klettergerüst; Außenbereich ist umzäunt).*		5.1 *Angemessener* Platz draußen *und* gewisser Platz drinnen.* 5.2 Bereich für Bewegungsaktivitäten ist für die Kinder *gut* zugänglich (z.B. auf einer Ebene mit dem Gruppenraum; keine Hindernisse im Zugang für Kinder mit erhöhtem Förderbedarf).* 5.3 Bereich für Bewegungsaktivitäten ist so gestaltet, dass *keine* Beeinträchtigung bei *verschiedenen* Aktivitäten besteht (z.B. Bereich zum Fahren mit Fahrrad, Roller, Dreirad etc. ist getrennt von Bereichen zum Klettern oder Ballspiel).*		7.1 Im Außenbereich sind für Bewegungsaktivitäten *verschiedene* Oberflächen für *verschiedene* Aktivitäten vorhanden (z.B. Sand, glatte Oberflächen, Rasen, Mulch/Holzrinde).* 7.2 Im Außenbereich ist *ein gewisser* Schutz vor Witterungseinflüssen vorhanden (z.B. Schatten im Sommer; Sonneneinstrahlung im Winter; Windschutz; Abfluss für Entwässerung).* 7.3 Bereich für Bewegungsaktivitäten ist günstig gelegen (z.B. Toiletten und Trinkwasser in der Nähe; Aufbewahrungsmöglichkeiten für Ausstattung leicht zugänglich; direkter Zugang vom Gruppenraum zum Außenbereich).*

7. Platz für Bewegungsaktivitäten

Ergänzende Hinweise

Bei der Einschätzung dieses Merkmals sind *immer* die vorhandenen Bereiche für Bewegungsaktivitäten *innen und außen* einzubeziehen, es sei denn, in *einzelnen* Aspekten finden sich anders lautende Hinweise. *Alle* Bereiche, die regulär für Bewegungsaktivitäten zur Verfügung stehen bzw. genutzt werden, sollen bei der Einschätzung berücksichtigt werden, auch wenn dort *keine* Kinder beobachtet werden.

1.2, 3.2 Auch wenn *kein* Bereich für Bewegungsaktivitäten, der für Kinder anregend und herausfordernd ist, völlig sicher sein kann, sollten die Hauptursachen für mögliche Verletzungen minimiert sein, wie z.B. Verletzungen durch Stürze durch fehlende weiche Untergründe, Verfangen in Seilen, Einklemmen/Quetschen von Körperteilen und Verletzungen durch herausragende Teile an Ausstattungsgegenständen. Bei diesen Aspekten wird die Sicherheit des Bereichs eingeschätzt, nicht die der Ausstattungsgegenstände. Diese werden in Merkmal 8 *»Ausstattung für Bewegungsaktivitäten«* berücksichtigt. Bei *allen* Aktivitäten zur Bewegungsanregung, bei denen es zu einem Sturz mit ernsthaften Verletzungen kommen kann, muss es einen angemessenen Fallschutz geben. Für die Einschätzung von Fallschutz und Sturzdämpfung sind Höhe und Geschwindigkeit möglicher Stürze einzubeziehen. Die Sicherheit in der Einrichtung sollte sich an der *Unfallverhütungsvorschrift Kindertageseinrichtungen* der *Deutschen Gesetzlichen Unfallversicherung* (DGUV) orientieren. Auch die Ausstattung aus anderen Bereichen (z.B. Zäune, Bänke, Geräteschuppen, Bereiche für Rollenspiel, Picknicktische) muss für dieses Merkmal auf mögliche Sicherheitsrisiken hin eingeschätzt werden, z.B. durch herausragende Teile an Zäunen, Hindernisse auf einem Fahrweg für Dreiräder oder Zugang zu gefährlichen Gegenständen.

3.1 *»Gewisser Platz«* bedeutet, dass der Platz für Bewegungsaktivitäten drinnen *und/oder* draußen bei einer Betreuungszeit von *vier oder mehr Stunden* für *mindestens 1 Stunde täglich*, bei einer Betreuungszeit von *weniger als vier* Stunden *mindestens eine 1/2 Stunde täglich* von den Kindern für Bewegungsaktivitäten genutzt wird.

3.2 Der *»Bereich für Bewegungsaktivitäten«* kann grundsätzlich sicher sein, auch wenn der gesamte Bereich *nicht* leicht überschaubar ist. Die Beaufsichtigung wird unter Merkmal 29 *»Beaufsichtigung und Begleitung bei Bewegungsaktivitäten«* eingeschätzt. Es müssen *alle* Bereiche berücksichtigt werden, die für Bewegungsaktivitäten zu *verschiedenen* Zeiten genutzt werden (z.B. Flure, Eingangsbereich, Terrassen, Innenhöfe, Außenbereich usw.).

5.1 Der Platz für Bewegungsaktivitäten muss im Hinblick auf die Anzahl der Kinder, die ihn nutzen, angemessen sein. Hier muss berücksichtigt werden, ob die Gruppen den Platz abwechselnd oder gleichzeitig nutzen. Es müssen *alle* Bereiche, die für Bewegungsaktivitäten genutzt werden, einschließlich Bereiche im Gruppenraum, in den Fluren, im Eingangsbereich, überdachte Außenflächen/Wege etc. für die Einschätzung herangezogen werden.
Im Innenbereich muss ein *gewisser* Platz für Bewegungsaktivitäten, besonders bei schlechtem Wetter, zur Verfügung stehen. Gruppenräume oder Flure können als *gewisser Platz drinnen* eingeschätzt werden, doch *nur*, wenn der Platz angemessen groß ist, wenn notwendig durch bewegliche Möbel.

5.2 Bei der Zugänglichkeit zum Bereich für Bewegungsaktivitäten sollten das Alter und die Fähigkeiten der Kinder berücksichtigt werden. Der Aspekt kann gegeben werden, wenn keine Probleme beobachtet werden können.

5.3 Für die Einschätzung dieses Aspektes ist darauf zu achten, dass sich die *verschiedenen* Aktivitäten in dem Bereich *nicht* gegenseitig beeinträchtigen (z.B. dass Kinder *nicht* Gefahr laufen, beim Herumrennen über Spielzeug zu stolpern oder beim Rutschen mit Gegenständen zusammen zu stoßen; dass der Bereich zum Fahrradfahren, Dreiradfahren etc. getrennt ist von anderen Bereichen und niemand »umgefahren« wird).

7.1 Im Außenbereich muss wenigstens *eine* weiche und *eine* harte Oberfläche, die jeweils *groß genug* für eine bestimmte Aktivität ist, *täglich* zugänglich sein.

7.2 Um diesen Aspekt als gegeben einzuschätzen, muss *nur eine* Art des Schutzes vor Witterungseinflüssen vorhanden sein.

7.3 Mindestens *zwei* Eigenschaften sind für eine positive Einschätzung erforderlich.

Fragen

5.1 Gibt es im Innenbereich Platz, der bei schlechtem Wetter für Bewegungsaktivitäten genutzt werden kann?

8. Ausstattung für Bewegungsaktivitäten*

Unzureichend		Minimal		Gut		Ausgezeichnet
1	2	3	4	5	6	7

1.1 *Sehr geringe* Ausstattung für Bewegungsaktivitäten.

1.2 Ausstattung für Bewegungsaktivitäten ist *allgemein* in schlechtem Zustand.

1.3 *Ein Großteil* der Ausstattung für Bewegungsaktivitäten ist für das Alter und die Fertigkeiten der Kinder *nicht* angemessen (z.B. zu hohe Rutsche; Basketballkörbe in Erwachsenenhöhe).*

3.1 *Gewisse* Ausstattung für Bewegungsaktivitäten ist für *alle* Kinder *mindestens 1 Stunde täglich* zugänglich.*

3.2 Ausstattung für Bewegungsaktivitäten ist *allgemein* in gutem Zustand.*

3.3 *Ein Großteil* der Ausstattung für Bewegungsaktivitäten ist für das Alter und die Fertigkeiten der Kinder angemessen.*

5.1 *Ausreichende* Ausstattung für Bewegungsaktivitäten, so dass die Kinder Zugang hierzu haben, ohne lange warten zu müssen.*

5.2 Ausstattung für Bewegungsaktivitäten fördert eine *Vielfalt* von Bewegungsformen (z.B. Balancieren; Klettern; Ballspiele; Fahrrad fahren).*

5.3 Anpassungen oder spezielle Ausstattung für Bewegungsaktivitäten für Kinder mit erhöhtem Förderbedarf.*
NA möglich*

7.1 *Sowohl* fest installierte *als auch* bewegliche Ausstattungselemente für Bewegungsaktivitäten werden genutzt.*

7.2 Ausstattung für Bewegungsaktivitäten regt eine *Vielfalt* von verschiedenen Fertigkeitsstufen von Kindern an (z.B. Dreiräder mit und ohne Pedale; Bälle in verschiedenen Größen; Rampen und Leiterkonstruktionen am Klettergerüst).*

8. Ausstattung für Bewegungsaktivitäten*

Ergänzende Hinweise

Die *»Ausstattung für Bewegungsaktivitäten«* umfasst *alles*, was zur Anregung von Bewegungsaktivitäten regelmäßig genutzt werden kann. Dies beinhaltet dafür hergestellte und/oder natürliche Gegenstände zum Klettern, Rutschen, Balancieren etc. Gegenstände, wie z.B. Bänke, Bäume oder Regale, welche die Kinder *nicht* zum Klettern nutzen sollen, werden hier *nicht* berücksichtigt.

Beispiele für Ausstattung für Bewegungsaktivitäten:
fest installierte Ausstattung, wie Schaukeln, Rutschen, Klettergerüste, Sprossenwand, Hangelpfade, Balancierbalken etc.
bewegliche Ausstattung, wie Bälle, Dreiräder, Roller, Matten, stabile Softbausteine, Wurfspiele, Pedalos etc.

Für die Einschätzung ist *sowohl* die Ausstattung im Innen- *als auch* im Außenbereich zu berücksichtigen.

1.3, 3.2, 3.3 Hier wird die Sicherheit der *»Ausstattung für Bewegungsaktivitäten«* (Zustand und Eignung/Angemessenheit für die Kinder) eingeschätzt. Die Sicherheit des Fallschutzes sowie sämtliche andere Gefahrenquellen werden in Merkmal 7 *»Platz für Bewegungsaktivitäten«* eingeschätzt.

3.1 Bei einer *täglichen* Betreuungszeit von *8 Stunden und mehr* muss die Ausstattung für Bewegungsaktivitäten *mindestens 1 Stunde täglich* zugänglich sein, bei einer Betreuungszeit von *weniger als 8 Stunden* ist entsprechend weniger Zeit erforderlich. Für Einrichtungen mit einer Öffnungsdauer von *4 Stunden oder weniger* ist der Zugang *mindestens eine halbe Stunde täglich* erforderlich. Während der Bewegungsaktivitäten müssen *alle* Kinder Zugang zur Ausstattung haben.

3.3 In Gruppen mit *mehreren* Altersstufen muss eine angemessene Ausstattung für *alle* Altersstufen vorhanden sein. Vor allem die Eignung der fest installierten Ausstattung, wie z.B. Klettervorrichtungen, muss berücksichtigt werden. *»Ein Großteil«* bedeutet, dass *ca. 75%* der fest installierten Ausstattung dem Alter und den Fertigkeiten der Kinder entspricht.

5.1 *»Ausreichende Ausstattung«* bedeutet, dass den Kindern interessante Möglichkeiten für Bewegungsspiele zur Verfügung stehen und dass sie *nicht* lange auf die von ihnen *gewählte* Ausstattung warten müssen. *Sowohl* die fest installierte *als auch* die bewegliche Ausstattung muss hierbei berücksichtigt werden.

5.2 Um die Anforderung *»eine Vielfalt von Bewegungsformen«* zu erfüllen, muss die Ausstattung *7-9 verschiedene* Bewegungsformen anregen. Im Allgemeinen wird *ein* Ausstattungsgegenstand allein diese Vielfalt *nicht* bieten können, abgesehen vielleicht von einem *sehr* komplexen Klettergerüst. Mögliche Bewegungsformen können z.B. sein: (1) Schieben/Ziehen, (2) Hangeln, (3) Schaukeln, (4) Springen, (5) Seilspringen, (6) Reifenspiele, (7) Zielwerfen, (8) Fangen/Werfen, (9) Rutschen, (10) Rennen, (11) Hüpfen, (12) Balancieren. Es muss notiert werden, wie viele Bewegungsformen die Ausstattung anregt. *Sowohl* die fest installierte *als auch* die bewegliche Ausstattung sollte hierbei berücksichtigt werden.

5.3 *»Anpassungen oder spezielle Ausstattung«* beinhalten Modifikationen an der bestehenden Ausstattung oder spezielle Ausstattungsgegenstände sowie unterstützende Maßnahmen seitens der pädagogischen Fachkräfte, um Kindern mit erhöhtem Förderbedarf gleichwertige Bewegungserfahrungen zu ermöglichen.
NA möglich, wenn *keine* Kinder in der Gruppe betreut werden, die solche Anpassungen benötigen.

7.1 *»Bewegliche Ausstattungselemente«* bedeutet, dass dies ein *wesentliches* Element des Spielinhalts für die Kinder ist (z.B. Dreirad, Fahrrad, Bälle, Wurfspiele, Hula-Hoop-Reifen). Als festinstallierte Ausstattungselemente gelten hier auch Elemente, die zwar *nicht* befestigt sind, aber von den Kindern *nicht* bewegt werden können oder sollen (z.B. da sie zu schwer sind).

7.2 Für die Einschätzung des Anregungsgehaltes muss das Alter der Kinder und der Herausforderungsgrad der Materialien berücksichtigt werden.

II. Pflege und Routinen

9. Begrüßung und Verabschiedung*

Unzureichend		Minimal		Gut		Ausgezeichnet
1	2	3	4	5	6	7

Unzureichend (1)

1.1 Begrüßung der Kinder wird *häufig* vernachlässigt.*

1.2 Verabschiedung ist *nicht* gut organisiert.

1.3 Eltern dürfen die Kinder *nicht* in den Gruppenraum bringen.

Minimal (3)

3.1 *Die meisten* Kinder werden freundlich begrüßt (z.B. pädagogische Fachkraft zeigt Freude, die Kinder zu sehen; lächelt; spricht mit freundlicher Stimme).*

3.2 Verabschiedung ist gut organisiert (z.B. Sachen der Kinder liegen beim Abholen bereit).

3.3 Eltern dürfen die Kinder in den Gruppenraum bringen.

Gut (5)

5.1 *Jedes* Kind wird persönlich begrüßt (z.B. pädagogische Fachkraft sagt »Hallo«, »Guten Morgen« oder ähnliches und nennt den Namen des Kindes; begrüßt die Kinder in ihrer Muttersprache).*

5.2 Freundliche Verabschiedung (z.B. Kinder werden *nicht* zur Eile gedrängt; *jedes* Kind wird freundlich verabschiedet).

5.3 *Die meisten* Eltern werden freundlich begrüßt.
NA möglich*

Ausgezeichnet (7)

7.1 Ankommenden Kindern wird geholfen, eine Beschäftigung zu finden, falls es notwendig ist.

7.2 Kinder sind bis zur Verabschiedung beschäftigt (z.B. *keine langen* Wartezeiten ohne Aktivitäten vor dem Abholen; Kinder dürfen ihre Aktivitäten angemessen beenden).

7.3 Pädagogische Fachkräfte nutzen Begrüßung und Verabschiedung, um sich mit den Eltern auszutauschen.*
NA möglich*

9. Begrüßung und Verabschiedung

Ergänzende Hinweise

Falls *nur wenige* Begrüßungen und Verabschiedungen der Kinder beobachtet werden konnten, wird die Einschätzung anhand dieser beobachteten Beispiele vorgenommen.

1.1 Der Aspekt wird mit *Ja* eingeschätzt, wenn die *Mehrzahl* der Kinder (*ca. 75%*) beim Betreten des Gruppenraumes – oder unmittelbar danach – *nicht* in positiver oder neutraler Weise von einer pädagogischen Fachkraft begrüßt wird, weder verbal noch non-verbal.

3.1 *»Die meisten«* bedeutet, dass *mindestens 75%* der Kinder freundlich begrüßt werden und dass *jede* neu in die Gruppe ankommende pädagogische Fachkraft die Kinder ebenfalls begrüßt.

5.1 Es sollte genau beobachtet werden, ob tatsächlich *jedes* Kind begrüßt wird und ob die Begrüßung persönlich und positiv ist (z.B. pädagogische Fachkraft stellt Augenkontakt her, lächelt, nennt den Namen des Kindes, sagt oder fragt etwas.).

5.3 Es muss *nicht jedes* Elternteil freundlich begrüßt werden, aber es muss offensichtlich sein, dass die *Mehrzahl* der Eltern (*ca. 75%*) begrüßt wird.

5.3, 7.3 NA möglich, wenn die Kinder *nicht* von ihren Eltern in die Einrichtung gebracht werden. Die Kommunikation zwischen Eltern und pädagogischen Fachkräften wird unter Merkmal 42 *»Zusammenarbeit mit Familien«* eingeschätzt.

7.3 Bei der Begrüßung und Verabschiedung müssen *nicht mit jedem* Elternteil Informationen ausgetauscht werden; es genügt, wenn erkennbar ist, dass dies im Allgemeinen geschieht.

Fragen

Allgemein: Können Sie mir den täglichen Ablauf beim Bringen und Abholen der Kinder beschreiben?

10. Mahlzeiten und Zwischenmahlzeiten*

Unzureichend		Minimal		Gut		Ausgezeichnet
1	2	3	4	5	6	7

1.1 *Unangemessene* Zeiten für Mahlzeiten und Zwischenmahlzeiten (z.B. Kinder müssen warten, auch wenn sie hungrig sind).*

1.2 Ernährungswert der Mahlzeiten ist *unzureichend.**

1.3 Hygienische Bedingungen werden *nicht* eingehalten (z.B. *die meisten* Kinder und/oder Erwachsenen waschen sich *nicht* die Hände vor dem Essen oder der Essenszubereitung; Esstische werden *nicht* gesäubert; Bereiche für Toilette/Wickeln und der Essenszubereitung sind nicht voneinander getrennt).*

1.4 Unangenehme Atmosphäre während der Mahlzeiten und Zwischenmahlzeiten (z.B. pädagogische Fachkräfte weisen Kinder streng zurecht; Kinder werden gezwungen zu essen; chaotische Atmosphäre).

1.5 Auf Lebensmittelallergien und Unverträglichkeiten wird *keine* Rücksicht genommen.
NA möglich*

3.1 *Angemessene* Zeiten im Tagesablauf für Mahlzeiten und Zwischenmahlzeiten.*

3.2 Mahlzeiten und Zwischenmahlzeiten sind ausgewogen.*

3.3 Hygienische Bedingungen werden *üblicherweise* eingehalten.*

3.4 Die Atmosphäre bei den Mahlzeiten ist *weder* streng *noch* zurechtweisend.

3.5 Informationen zu Lebensmittelallergien sind für die pädagogischen Fachkräfte gut zugänglich und es gibt alternative Speisen bzw. Getränke (z.B. Tee).
NA möglich*

3.6 Kinder mit erhöhtem Förderbedarf sitzen bei den Mahlzeiten und Zwischenmahlzeiten mit anderen Kindern zusammen.
NA möglich*

5.1 *Die meisten* pädagogischen Fachkräfte sitzen während der Mahlzeiten und Zwischenmahlzeiten bei den Kindern.*

5.2 Angenehme und entspannte Atmosphäre während der Mahlzeiten und Zwischenmahlzeiten.

5.3 Hygienische Bedingungen werden *meistens* eingehalten.*

5.4 Nutzung von kindgerechten Gegenständen erleichtert und fördert die Selbstständigkeit der Kinder (z.B. kindgerechtes Besteck; kleine Kannen für Getränke; kleine und stabile Schüsseln und Löffel; spezielle Löffel oder Becher für Kinder mit erhöhtem Förderbedarf).

5.5 Ernährungsvorschriften der Familien werden berücksichtigt.
NA möglich*

5.6 Speiseplan ist für die Eltern sichtbar aufgehängt.
NA möglich*

7.1 Kinder helfen während der Mahlzeiten und Zwischenmahlzeiten mit (z.B. decken den Tisch; bedienen sich selbst; wischen den Tisch ab).

7.2 Kinder werden zum selbstständigen Essen ermuntert und erhalten Unterstützung, wenn notwendig.

7.3 Mahlzeiten und Zwischenmahlzeiten sind Zeiten für Gespräche zwischen Kindern und pädagogischen Fachkräften (z.B. pädagogische Fachkräfte regen die Kinder an, über Ereignisse des Tages und über Dinge, die die Kinder interessieren, zu sprechen; Kinder reden miteinander).

10. Mahlzeiten und Zwischenmahlzeiten

Ergänzende Hinweise

Bei diesem Merkmal wird zum einen eingeschätzt, ob den Kindern *angemessene* Speisen während der Mahlzeiten und Zwischenmahlzeiten angeboten werden, und zum anderen, wie die Mahlzeiten und Zwischenmahlzeiten gestaltet werden.

1.1, 3.1 *»Angemessene Zeiten«* für Mahlzeiten und Zwischenmahlzeiten bedeuten:
(1) bei einer Betreuungszeit von *bis zu 4 Stunden eine* Mahlzeit oder *eine* Zwischenmahlzeit,
(2) bei *4-6 Stunden eine Mahlzeit*,
(3) bei *6-12 Stunden zwei Mahlzeiten* und *eine* Zwischenmahlzeit oder *eine* Mahlzeit und *zwei* Zwischenmahlzeiten,
(4) bei *mehr als 12 Stunden zwei* Mahlzeiten und *zwei* Zwischenmahlzeiten.
Liegen die (Zwischen-)Mahlzeiten länger als *drei* Stunden auseinander, ist dies unangemessen. Zudem müssen den Kindern *jederzeit* auch Getränke zur Verfügung stehen.

1.2, 3.2 Die Ernährung (Getränke eingeschlossen) in der Einrichtung muss sich an Standards orientieren, die bspw. von der *Deutschen Gesellschaft für Ernährung* (DGE) empfohlen werden, um den Aspekt 3.2 als gegeben einzuschätzen. Für die Einschätzung sollte auch der Speiseplan herangezogen werden. Wenn *kein* Speiseplan vorhanden bzw. sichtbar ist, soll die pädagogische Fachkraft nach den Mahlzeiten und Zwischenmahlzeiten der Woche gefragt werden. Gelegentliche Ausnahmen, wie z.B. Kuchen zu Geburtstagen, werden bei der Einschätzung *nicht* berücksichtigt.

1.3 Bei Mahlzeiten und Zwischenmahlzeiten sollte *jederzeit* auf Hygiene geachtet werden (z.B. Tische abwischen, wenn Kinder den gleichen Essplatz benutzen; Hände waschen). Wenn die Kinder mit den Händen essen oder die Hände beim Essen schmutzig werden, dann sollten die Hände auch nach dem Essen gewaschen werden. Für das Händewaschen sind fließendes Wasser, Seife und ein *eigenes* Handtuch für *jedes* Kind (oder Einmalhandtücher) notwendig.

1.5, 3.5 NA möglich, wenn *keine* Kinder mit Lebensmittelallergien oder -unverträglichkeiten in der Gruppe betreut werden.

3.3 *»Üblicherweise«* bedeutet in *mindestens 50%* der Zeit. Wenn hygienische Bedingungen *»üblicherweise«* eingehalten werden und Händewaschen sowie andere Hygienemaßnahmen ausgewiesene Bestandteile im Tagesablauf sind, kann dieser Aspekt auch dann als gegeben eingeschätzt werden, wenn es *gelegentlich* Probleme bei der praktischen Umsetzung gibt.

3.5 Wenn Nahrungsmittel oder Getränke aufgrund von Allergien/Ernährungsvorschriften ersetzt werden, müssen diese den *gleichen* Nährwert aufweisen, wie die Produkte, die sie ersetzen (z.B. wenn Milch ersetzt wird, muss das Ersatzgetränk den gleichen Gehalt an Kalzium und Eiweiß aufweisen).

3.6 NA möglich, wenn *keine* Kinder mit erhöhtem Förderbedarf in der Gruppe betreut werden.

5.1 Auch wenn die pädagogische Fachkraft den Tisch verlässt, um beim Ablauf der Mahlzeit zu helfen, sollte sie die *meiste Zeit* bei den Kindern sitzen. Es ist nicht erforderlich, dass an *jedem* Tisch *ständig* eine pädagogische Fachkraft sitzt. Sind *mehrere* pädagogische Fachkräfte im Raum, können eine oder mehrere pädagogische Fachkräfte beim Austeilen des Essens helfen, während die anderen am Tisch bei den Kindern sitzen.

5.3 *»Meistens«* bedeutet in *mindestens 75%* der Zeit.

5.5 NA möglich, wenn es keine Ernährungsvorschriften der Familien gibt.

5.6 NA möglich, wenn das *gesamte* Essen von den Eltern zur Verfügung gestellt wird.

Fragen

1.5, 3.5, 5.5 Was tun Sie, wenn ein Kind allergisch gegen bestimmte Lebensmittel ist oder in der Familie bestimmte Ernährungsvorschriften bestehen? Wie werden Nahrungsmittel oder Getränke ersetzt, welche die Kinder nicht zu sich nehmen können?

11. Ruhe- und Schlafzeiten*

Unzureichend		Minimal		Gut		Ausgezeichnet
1	2	3	4	5	6	7

Unzureichend (1)

1.1 Ruhe- und Schlafzeiten sind für *die meisten* Kinder unangemessen.*

1.1 Hygienische Mängel bei Ausstattung für Ruhe- und Schlafzeiten (z.B. Ruhe- und Schlafbereich ist überfüllt; schmutzige Decken; *mehrere* Kinder benutzen dasselbe Bettzeug).*

1.2 Die Kinder werden *kaum oder streng* und zurechtweisend beaufsichtigt.

Minimal (3)

3.1 Ruhe- und Schlafzeiten sind für *die meisten* Kinder angemessen.

3.2 Angemessene hygienische Bedingungen für Ruhe und Schlafen (z.B. Ruhe- und Schlafbereich ist *nicht* überfüllt; sauberes Bettzeug).*

3.3 Die Kinder werden während der Ruhe- und Schlafzeit *ausreichend* beaufsichtigt.*

3.4 Ruhige, angenehme Beaufsichtigung, *keine* Strenge oder Zurechtweisung.

Gut (5)

5.1 Den Kindern wird geholfen, sich zu entspannen (z.B. Schmusetier; sanfte Musik; Rückenstreicheln).

5.2 Angemessener Raum, um auszuruhen (z.B. gedämpftes Licht; ruhige Atmosphäre; Schlafmatten liegen so, dass die Privatsphäre eingehalten wird).

5.3 *Alle* Betten/Schlafmatten sind *mindestens 30 cm* voneinander entfernt oder durch eine Trennwand separiert.*

Ausgezeichnet (7)

7.1 Ruhe- und Schlafzeiten werden flexibel gehandhabt, um auf die individuellen Bedürfnisse der Kinder einzugehen (z.B. Kinder, die müde sind, können sich während der Spielzeiten ausruhen).

7.2 Es wird vorgesorgt für Kinder, die früher aufstehen oder nicht schlafen (z.B. Kinder, die aufstehen, dürfen leise spielen oder Bücher anschauen; spezieller Bereich und Aktivitäten für Kinder, die nicht schlafen).*

11. Ruhe- und Schlafzeiten

Ergänzende Hinweise

NA möglich, wenn es sich um eine Halbtagseinrichtung handelt bzw. die Einrichtung über Mittag geschlossen ist und daher *keine* Ruhe- und Schlafzeiten vorgesehen sind. Für Einrichtungen mit *längeren* Betreuungszeiten sollten die Ruhe- und Schlafzeiten auf das Alter und die individuellen Bedürfnisse der Kinder abgestimmt sein.

1.1 *»Unangemessen«* bedeutet, dass die Ruhe- und Schlafzeiten *zu spät oder zu früh* stattfinden (z.B. Kinder sind schon lange vor der Schlafzeit müde oder sind noch nicht müde genug) oder die Kinder *nicht* geweckt werden oder liegen bleiben müssen (*mehr als 2,5 Stunden*), was zu Problemen mit den Schlafzeiten in den Familien führen kann. Der Aspekt wird mit *Ja* eingeschätzt, wenn bei einer Ganztagsbetreuung *keine* Ruhe- und/oder Schlafzeiten für die Kinder vorgesehen sind.

1.2, 3.2 Betten oder Schlafmatten müssen für *jedes* Kind gekennzeichnet sein und dürfen sich bei der Aufbewahrung (z.B. beim Stapeln oder in einem Mattenschrank) *nicht* berühren.

3.3 *»Ausreichend«* bedeutet: Es sind *genügend* pädagogische Fachkräfte anwesend, um die Sicherheit der Kinder im Notfall zu gewährleisten und um auf Kinder einzugehen, die aufwachen oder Hilfe brauchen. *Mindestens eine* pädagogische Fachkraft muss sich *immer* in der Nähe (*mindestens* in Hörweite) des Raumes befinden, in dem die Kinder ruhen bzw. schlafen.

5.3 Die Schlafmatten/Matratzen müssen *mindestens 30 cm* voneinander entfernt oder durch Trennwände voneinander abgeteilt sein, so dass sich das Bettzeug und persönliche Gegenstände (z.B. Kuscheltiere) der Kinder *nicht* berühren.

7.2 Der Aspekt kann als gegeben eingeschätzt werden, wenn Kinder damit beschäftigt sind, auf ihrer Matte leise ein Buch zu lesen oder leise zu spielen.

Fragen

Allgemein: Beschreiben Sie bitte, wie die Ruhe- und Schlafzeiten in der Regel organisiert sind.

3.3 Wie werden die Kinder in dieser Zeit beaufsichtigt?

3.4, 7.2 Was tun Sie, wenn Kinder vor der Schlafzeit müde sind, nicht zur Ruhe kommen oder früher aufwachen?

5.3 Wie weit sind die Betten/Schlafmatten voneinander entfernt?

II. Pflege und Routinen

12. Toilette/Wickeln

Unzureichend		Minimal		Gut		Ausgezeichnet
1	2	3	4	5	6	7

Unzureichend

1.1 *Unzureichende* hygienische Bedingungen in diesem Bereich (z.B. Toiletten/Waschbecken schmutzig; Wickeltisch/Töpfchen nicht nach jeder Nutzung gereinigt; Toiletten *nur selten* gespült).

1.2 *Unzureichende* Grundausstattung beeinträchtigt die Pflege der Kinder (z.B. *zu wenige* Toiletten oder Waschbecken, *kein* Toilettenpapier, *keine* Seife; *mehrere* Kinder benutzen dasselbe Handtuch; *kein* fließendes Wasser).*

1.3 Pädagogische Fachkraft oder Kinder waschen sich nach Toilette/Wickeln *nicht* die Hände.*

1.4 *Unangemessene* oder unangenehme Beaufsichtigung der Kinder.*

Minimal

3.1 *Ausreichende* hygienische Bedingungen.*

3.2 Grundausstattung für die Pflege der Kinder vorhanden.

3.3 Pädagogische Fachkraft und Kinder waschen sich nach der Toilette/Wickeln *üblicherweise* die Hände.*

3.4 Zeiten für Toilette/Wickeln entsprechen den individuellen Bedürfnissen der Kinder.

3.5 *Angemessene* Beaufsichtigung entsprechend des Alters und der Fähigkeiten der Kinder.*

Gut

5.1 Hygienische Bedingungen sind *leicht* aufrechtzuerhalten (z.B. es werden *keine* Töpfchen benutzt; fließendes Wasser in der Nähe vom Wickeltisch und der Toilette; leicht zu reinigende Oberflächen).*

5.2 Ausstattung ist für die Kinder bequem und zugänglich (z.B. Stufen an Waschbecken und Toiletten, falls notwendig; Haltegriffe für Kinder mit körperlichen Beeinträchtigungen; Toilettenbereich ist nahe am Gruppenraum).

5.3 Pädagogische Fachkraft und Kinder waschen sich nach Toilette/Wickeln *meistens* die Hände.*

5.4 Angenehme pädagogische Fachkraft-Kind-Interaktion.

Ausgezeichnet

7.1 Kindgerechte Toiletten und niedrige Waschbecken.*

7.2 Selbstständigkeit der Kinder wird entsprechend ihres Entwicklungsstandes und ihrer Fähigkeiten gefördert.

12. Toilette/Wickeln

Ergänzende Hinweise

1.2 Spezielle Pflegesituationen, wie z.B. das Wickeln eines älteren Kindes, müssen immer so ausgeführt werden, dass die hygienischen Bedingungen eingehalten und die Würde des Kindes gewahrt werden (z.B. durch Sichtschutz, um die Intimsphäre des Kindes zu wahren).

1.3, 3.3, 5.3 Es ist davon auszugehen, dass das Händewaschen, das während der Einschätzung beobachtet wurde, typischer Bestandteil des Tagesablaufs ist. Die Aspekte *1.3, 3.3 und 5.3* sind nach dem einzuschätzen, was beobachtet wurde. Pädagogische Fachkräfte müssen sich die Hände waschen, auch wenn Handschuhe benutzt wurden. *»Üblicherweise«* bedeutet in *mindestens 50%* der Zeit, *»meistens«* meint in *mindestens 75%* der Zeit.

1.4 *»Unangemessene Beaufsichtigung«* bedeutet, dass die pädagogische Fachkraft *nicht* auf die Sicherheit der Kinder und die Einhaltung hygienischer Bedingungen (z.B. beim Händewaschen) achtet.

3.1 Dieser Aspekt ist gegeben, wenn *keine größeren* Probleme bzw. nur *zwei bis drei kleinere* Probleme beobachtet wurden.

3.5 *»Angemessene Beaufsichtigung«* bedeutet, dass die pädagogischen Fachkräfte auf die Einhaltung der hygienischen Bedingungen im Toilettenbereich achten (z.B. Toilette spülen, Toilettenpapier ist vorhanden, Handtücher und Seife stehen bereit) und dass die Kinder diese auch richtig handhaben (z.B. abwischen, Hände waschen, unangemessenes Verhalten vermeiden).

5.1 Da Töpfchen ein Gesundheitsrisiko darstellen, sollten sie aus hygienischen Gründen *grundsätzlich nicht* benutzt werden. In den *seltenen Fällen*, in denen besondere Bedürfnisse den Gebrauch eines Töpfchens notwendig machen, sollte darauf geachtet werden, dass das Töpfchen *nur* für das jeweilige Kind genutzt und nach jedem Gebrauch gründlich gereinigt und desinfiziert wird.

7.1 Waschbecken und Toiletten in kindgerechter Größe sind *deutlich kleiner* und *niedriger* als Standardgrößen und können von den Kindern bequem und ohne Hilfsmittel wie Stufen oder Toilettensitze genutzt werden. Damit die Größe von Toiletten und Waschbecken als kindgerecht eingeschätzt werden kann, müssen sie *mindestens 75%* der Kinder der Gruppe ohne Hilfsmittel nutzen können.

13. Maßnahmen zur Gesundheitsvorsorge*

Unzureichend		Minimal		Gut		Ausgezeichnet
1	2	3	4	5	6	7

1.1 In wichtigen Bereichen fehlen Vorkehrungen, um die Ausbreitung von Keimen zu verringern (z.B. Verunreinigung durch Tiere im Innen- oder Außenbereich; *kein* Naseputzen; schmutzige Zahnbürsten oder Zahnputzbecher; Papiertücher und Windeln werden *nicht* sorgfältig entsorgt; Essenszubereitung und Wickeln/Toilette in räumlicher Nähe).*

1.2 Rauchen im Betreuungsbereich ist drinnen *oder* draußen gestattet.

3.1 Pädagogische Fachkräfte und Kinder waschen sich die Hände, wenn notwendig (z.B. nach dem Naseputzen; nach dem Kontakt mit Tieren oder wenn sie aus einem anderen Grund schmutzig sind.)*

3.2 Pädagogische Fachkräfte treffen im Allgemeinen Vorkehrungen, um die Ausbreitung von Keimen zu verringern.*

3.3 Im Betreuungsbereich wird *nicht* geraucht.

3.4 Es werden Maßnahmen ergriffen, um die Ausbreitung ansteckender Krankheiten gering zu halten (z.B. Kenntnis des Impfstatus; Ausschluss von Kindern mit ansteckenden Krankheiten).*

5.1 Kinder werden den Temperatur- und Witterungsbedingungen drinnen und draußen entsprechend gekleidet (z.B. nasse Kleidungsstücke werden gewechselt; wärmende Kleidung bei kaltem Wetter).

5.2 Pädagogische Fachkräfte sind ein gutes Vorbild für gesundheitsbewusstes Verhalten (z.B. nehmen sie vor den Kindern nur gesunde Nahrung zu sich; sie überprüfen und spülen die Toiletten der Kinder).

5.3 Pädagogische Fachkräfte achten auf das Äußere der Kinder (z.B. Gesicht waschen; schmutzige Kleidungsstücke wechseln; Kittel für Spiele und Aktivitäten, bei denen man sich schmutzig macht).

7.1 Den Kindern wird vermittelt, selbstständig auf gesundheitsfördernde Verhaltensweisen zu achten (z.B. richtiges Händewaschen; selbst den Mantel oder einen Kittel anziehen; daran denken, die Toilette zu spülen; Nutzung von Büchern, Bildern und Spielen zum Thema Gesundheit).

7.2 Zahnbürsten für *jedes* Kind sind angemessen gekennzeichnet und aufbewahrt, sie werden *mindestens einmal täglich* benutzt (z.B. sind die Zahnbürsten so aufbewahrt, dass sie sich nicht gegenseitig berühren und an der Luft trocknen können). NA möglich*

13. Maßnahmen zur Gesundheitsvorsorge*

Ergänzende Hinweise

Dieses Merkmal berücksichtigt *nicht* die Einhaltung der Hygiene, die in den Merkmalen 10 *»Mahlzeiten und Zwischenmahlzeiten«*, 11 *»Ruhe- und Schlafzeiten«* und 12 *»Toilette/Wi-ckeln«* eingeschätzt wird.

1.1 Bereiche, die mit Blut oder anderen Körperflüssigkeiten verunreinigt worden sind, müssen gereinigt und desinfiziert werden. Hierbei sollten (Einmal-)Handschuhe getragen werden.

3.1 *»Pädagogische Fachkräfte und Kinder waschen sich die Hände, wenn notwendig«* bedeutet, dass die Hände gründlich unter fließendem Wasser und mit Seife gewaschen und mit einem Handtuch, das *nur* von einer Person benutzt wird, getrocknet werden. Da das Händewaschen zu den Mahlzeiten und nach der Toilette bereits bei Merkmal 10 *»Mahlzeiten und Zwischenmahlzeiten«* und 12 *»Toilette/Wickeln«* eingeschätzt wird, werden hier *alle anderen* Gelegenheiten berücksichtigt, die Händewaschen erforderlich machen. Dieser Aspekt kann *nur* dann als gegeben eingeschätzt werden, wenn sich die Kinder und die pädagogischen Fachkräfte in ca. *75%* der Zeit, in der dies nötig ist, die Hände waschen. Gegebenenfalls können anstatt Wasser auch antiseptische Flüssigkeiten oder Desinfektionstücher benutzt werden, z.B. nach dem Naseputzen auf dem Spielplatz, dies ersetzt das Händewaschen jedoch nicht. Bei der Einschätzung dieses Aspekts ist das Händewaschen in den folgenden *vier Kategorien* besonders zu beachten:
(1) Beim Zurückkommen von draußen,
(2) vor und nach dem Spielen mit Sand/Wasser oder nach anderen Spielen, bei denen die Kinder schmutzig werden,
(3) nach Kontakt mit Körperflüssigkeiten und
(4) nach dem Berühren verschmutzter Gegenstände und Oberflächen, wie z.B. Mülleimer oder Tiere.
Es sollte auf die Anzahl der Gelegenheiten geachtet werden, bei denen das Händewaschen notwendig ist.

3.2 *»Im Allgemeinen Vorkehrungen treffen«* bedeutet in *75%* der Zeit. Wenn jedoch *größere* Probleme auftreten, wie z.B. Verunreinigung durch Körperflüssigkeiten, die *nicht* sofort beseitigt werden, oder durch Tiere in den Spielbereichen der Kinder, dann ist der Aspekt mit *Nein* einzuschätzen. Beispiele für diesen Aspekt beinhalten: Papiertücher liegen bereit und werden bei Bedarf genutzt; der gleiche Waschlappen/das gleiche Handtuch wird nur für ein Kind genutzt; Seife steht zur Verfügung und wird genutzt; Zahnbürsten werden so aufbewahrt, dass eine Verunreinigung vermieden wird.

7.2 NA möglich, wenn die Einrichtung *täglich 6 Stunden oder weniger* geöffnet ist.

Fragen

3.4 Haben Sie Gesundheitsvorschriften für Kinder und pädagogische Fachkräfte? Kennen Sie den Impfstatus der Kinder? Haben Sie Regeln für den Ausschluss von Kindern mit ansteckenden Krankheiten? Bitte beschreiben Sie, wie Sie vorgehen.

7.2 Nutzen die Kinder Zahnbürsten? Wie wird das gehandhabt?

14. Sicherheit

Unzureichend		Minimal		Gut		Ausgezeichnet
1	2	3	4	5	6	7

Unzureichend (1)

1.1 *Einige* Sicherheitsmängel mit schwerwiegender Verletzungsgefahr im Innenbereich.*

1.2 *Einige* Sicherheitsmängel mit schwerwiegender Verletzungsgefahr im Außenbereich.
NA möglich*

1.3 Beaufsichtigung ist *nicht* ausreichend, um die Sicherheit der Kinder im Innen- *und* Außenbereich zu gewährleisten (z.B. *zu wenige* pädagogische Fachkräfte; pädagogische Fachkräfte sind mit anderen Aufgaben beschäftigt; *keine* Beaufsichtigung in Bereichen mit potenziellen Gefahrenquellen; *keine* Regeln zum Betreten und Verlassen der Einrichtung).*

Minimal (3)

3.1 *Keine* schwerwiegenden Sicherheitsmängel im Innen- *und* Außenbereich.*

3.2 *Angemessene* Beaufsichtigung zum Schutz der Kinder im Innen- *und* Außenbereich.*

3.3 Grundlegende Bedingungen für den Umgang mit Notfällen gegeben (z.B. Telefon; Notrufnummern; Vertretungskräfte; Erste-Hilfe-Ausrüstung; schriftliche Aufzeichnungen, was im Notfall zu tun ist).*

Gut (5)

5.1 Pädagogische Fachkräfte handeln vorausschauend, um Sicherheitsproblemen vorzubeugen (z.B. sie entfernen Gegenstände unter dem Klettergerüst; schließen gefährliche Bereiche ab; wischen Verschüttetes sofort auf, damit die Kinder nicht ausrutschen).

5.2 Pädagogische Fachkräfte erklären den Kindern die Gründe für Sicherheitsregeln.*

Ausgezeichnet (7)

7.1 Spielbereiche sind so gestaltet, dass Sicherheitsprobleme vermieden werden (z.B. jüngeren Kindern steht draußen ein abgegrenzter Spielbereich oder ein bestimmter Zeitraum zur Verfügung; Ausstattung draußen ist angemessen in Größe und Schwierigkeitsgrad).

7.2 Kinder befolgen im Allgemeinen die Sicherheitsregeln (z.B. *kein* Gedränge auf der Rutsche, *kein* Klettern auf Schränke und Regale).

14. Sicherheit

Ergänzende Hinweise

1.1, 1.2, 3.1 Die folgende Liste von schwerwiegenden Sicherheitsmängeln erhebt keinen Anspruch auf Vollständigkeit. Es sollten alle beobachteten Sicherheitsprobleme notiert werden.

*Mögliche Sicherheitsmängel im **Innen**bereich:*

- Heizungen zu heiß
- offene, nicht gesicherte Eingangstüren
- giftige Pflanzen
- Steckdosen nicht gesichert
- Lose elektrische Leitungen
- Schwere Gegenstände oder unbefestigte Möbelstücke, die leicht umfallen können
- Arzneimittel, Reinigungsmittel oder andere für Kinder gefährliche Substanzen sind nicht weggeschlossen
- Herdschalter zugänglich; ungesicherter Herd/ Kochstelle
- Wassertemperatur zu hoch
- Matten oder Läufer rutschig
- Treppen ohne Geländer
- Spielbereiche vor Türen

*Mögliche Sicherheitsmängel im **Außen**bereich:*

- giftige Pflanzen
- Außenbereich ist nicht (vollständig) umzäunt
- zu niedriger Zaun
- zu geringer Fallschutz
- Werkzeuge zugänglich, die nicht für den Gebrauch durch Kinder bestimmt sind
- Gefährliche Substanzen (z.B. Insektenschutzmittel) nicht weggeschlossen
- Scharfe oder gefährliche Gegenstände in Reichweite (z.B. Gartengeräte)
- Unsichere Gehwege oder Treppen
- Leichter Zugang zur Straße
- Müllcontainer/gefährlicher Müll zugänglich
- Spielgeräte zu hoch, in schlechtem Zustand, nicht fest verankert
- Verletzungsgefahr an Spielgeräten (z.B. durch herausragende Teile; Verfangen, Quetschen möglich)

1.1 Dieser Aspekt wird mit *Ja* eingeschätzt, wenn *zwei oder mehr* schwerwiegende Sicherheitsmängel (z.B. offene, nicht gesicherte Eingangstüren; zugängliche Desinfektionsmittel) bzw. *mehr als fünf kleinere* Sicherheitsmängel (z.B. hochstehende Teppichkanten; kleine Splitter am Regal) im Innenbereich zu beobachten sind. Desinfektionslösungen und Reinigungsmittel müssen *nicht* verschlossen aufbewahrt werden, jedoch außerhalb der Reichweite der Kinder. Die Desinfektionslösung darf *nicht* dort versprüht werden, wo die Kinder sie einatmen könnten, z.B. während Kinder am Tisch sitzen oder bspw. im Bad. Vorhandene Steckdosen und elektrische Kabel in den Spielbereichen müssen sicher sein (z.B. Steckdosenabdeckung, Kabel gesichert). *Viele* Steckdosen sind von innen gesichert. Im Zweifelsfall kann die pädagogische Fachkraft oder die pädagogische Leitung zur Kindersicherung der Steckdosen befragt werden. Im Außenbereich sind Steckdosen mit Kappen zulässig, sofern sie bei Nichtbenutzung geschlossen sind.

1.2 Mit *Ja* einschätzen, wenn *zwei oder mehr* schwerwiegende Sicherheitsmängel (z.B. kein durchgängiger oder zu niedriger Zaun; zu hohes Klettergerüst) bzw. *sechs oder mehr* kleinere Sicherheitsmängel (z.B. Baumwurzeln, die eine Stolpergefahr darstellen; Sand auf dem Gehweg) im Außenbereich zu beobachten sind.
NA möglich, wenn die Einrichtung *keinen* Außenbereich hat.

1.3 Wenn die Beaufsichtigung *sowohl* im Innen- *als auch* Außenbereich unzureichend ist, wird dieser Aspekt mit *Ja* eingeschätzt. Ist die Beaufsichtigung nicht ausreichend, wird dies in den *meisten Fällen* auch bei den Merkmalen 29 *»Beaufsichtigung und Begleitung bei Bewegungsaktivitäten«* und 30 *»Allgemeine Beaufsichtigung und Begleitung«* sowie 36 *»Freispiel«* entsprechend eingeschätzt.

3.1 Um diesen Aspekt mit *Ja* einzuschätzen, dürfen nicht *mehr als 5 kleinere* Sicherheitsmängel vorliegen.

3.3 Dieser Aspekt ist gegeben, wenn eine Notrufliste sichtbar aushängt und die Notrufnummern von einem Arzt, Gift-/Allergienotruf und allgemeine Notfallnummern von Polizei und Feuerwehr aufgeführt sind. Außerdem muss ein Erste-Hilfe-Set vorhanden sein, dessen Inhalt *nicht* abgelaufen ist und das *keine* Medikamente und Wunddesinfektionsmittel (wegen der Allergiegefahr) enthält. *Größere* Wunden müssen von einem Arzt versorgt werden. Sollten Medikamente und Wunddesinfektionsmittel im Erste-Hilfe-Set enthalten sein sein, sollte nachgefragt werden, wer diese nutzt bzw. ob es verbindliche (und schriftliche) Regelungen diesbezüglich gibt.

5.2 Um diesen Aspekt mit *Ja* einzuschätzen, müssen die pädagogischen Fachkräfte dabei beobachtet werden, wie sie den Kindern die Sicherheitsregeln erklären oder mit ihnen darüber diskutieren.

Fragen

5.2 Sprechen Sie mit den Kindern über Sicherheit? Wenn ja, über welche Sicherheitsthemen sprechen Sie?

III. Sprachliche und kognitive Anregungen

15. Nutzung von Büchern und Bildern

Unzureichend		Minimal		Gut		Ausgezeichnet
1	2	3	4	5	6	7
1.1 *Sehr wenige* Bücher zugänglich.* 1.2 Pädagogische Fachkraft initiiert *selten* Aktivitäten zur Unterstützung des Sprachverständnisses (z.B. *kein tägliches* Vorlesen bzw. Geschichten erzählen, *wenig* individuelles Vorlesen).*		3.1 *Einige* Bücher für Kinder zugänglich (z.B. während des Freispiels ausreichend Bücher, damit Kinder sich *nicht* darum zu streiten brauchen).* 3.2 *Täglich mindestens eine* von der pädagogischen Fachkraft initiierte Aktivität zur Unterstützung des Sprachverständnisses eingeplant (z.B. Vorlesen, Geschichten erzählen, Bildergeschichten).*		5.1 *Eine breite* Auswahl an Büchern ist an einem *wesentlichen Teil des Tages* zugänglich.* 5.2 *Einige* zusätzliche Materialien zur Sprachbildung werden *täglich* genutzt.* 5.3 Bücher befinden sich in einer Leseecke.* 5.4 Bücher, Sprachmaterialien und Aktivitäten sind angemessen für die Kinder der Gruppe.* 5.5 Pädagogische Fachkraft liest in *verschiedenen* Situationen Bücher vor (z.B. während des Freispiels, vor dem Schlafen, zur Erweiterung einer Aktivität).*		7.1 Bücher und Materialien zur Sprachbildung werden *regelmäßig* ausgetauscht, um das Interesse der Kinder aufrechtzuerhalten.* 7.2 *Einige* Bücher beziehen sich auf laufende Aktivitäten oder Themen in der Gruppe (z.B. Bücher zu jahreszeitlichen Themen werden aus der Bibliothek ausgeliehen).*

15. Nutzung von Büchern und Bildern

Ergänzende Hinweise

1.1 Dieser Aspekt wird mit *Ja* eingeschätzt, wenn *weniger als 5* intakte Bücher für die Kinder oder wenn Bücher für *weniger als 1 Stunde täglich* zugänglich sind (bei einer Betreuungszeit von *8 Stunden oder mehr*; bei kürzerer Betreuungszeit entsprechend weniger).

1.2 Dieser Aspekt wird mit *Ja* eingeschätzt, wenn den Kindern nicht *wenigstens einmal täglich* vorgelesen wird, außer unter ungewöhnlichen Umständen.

3.1 *»Einige Bücher für Kinder zugänglich«* bedeutet, dass für wenigstens *die Hälfte* aller Kinder der Gruppe *ein* Buch zugänglich ist, also *10* Bücher für *20* Kinder. Um den Aspekt als gegeben einzuschätzen, müssen die Bücher für *mindestens 1 Stunde täglich* zugänglich sein (bei einer Betreuungszeit von *8 Stunden oder mehr*; bei kürzerer Betreuungszeit entsprechend weniger).

3.2 Das Vorlesen kann in *kleinen* oder *größeren* Gruppen geschehen, je nach Fähigkeit der Kinder, dem Inhalt zu folgen.

5.1 *Nicht alle* Bücher müssen in einer Leseecke sein, auch *andere* Bereiche sind zu berücksichtigen. *»Eine breite Auswahl an Büchern«* beinhaltet eine *Vielfalt* von Themen:
(1) Fantasie- und Sachgeschichten;
(2) Geschichten über Menschen, Tiere und (Natur-)Wissenschaft;
(3) Bücher über verschiedene Kulturen und Fähigkeiten.
Für eine *breite* Auswahl müssen für eine Gruppe von *15* Kindern *mindestens 20* Bücher zugänglich sein, bei *größeren* Gruppen je zusätzlichem Kind *ein weiteres Buch*. Zu *jedem* Themenbereich sollten *ca. 3-4* Bücher zugänglich sein. Es können zu *einzelnen* Themen *mehr oder weniger* Bücher vorhanden sein, solange *jedes* Thema vertreten ist.

5.2 Beispiele für *»zusätzliche Materialien zur Sprachbildung«* sind: Poster und Bilder, Bildmaterialien für die Pinnwand, Bildgeschichten, Bildspielkarten und CDs mit Geschichten oder Liedern. Um den Aspekt positiv einzuschätzen, müssen die Materialien wenigstens *1 Stunde täglich* zugänglich sein (bei einer Betreuungszeit von *8 Stunden oder mehr*; bei einer kürzeren Betreuungszeit entsprechend weniger).

5.3 Eine Leseecke muss eine gemütliche Sitzgelegenheit und *ausreichend* Licht haben; die Bücher sollten gut zugänglich und attraktiv präsentiert werden, um die Kinder zur Nutzung anzuregen.

5.4 Beispiele für *»Bücher, Sprachmaterialien und Aktivitäten sind angemessen«* beinhalten: einfache Bücher zum Vorlesen für jüngere Kinder, Materialien in Großdruck für Kinder mit Beeinträchtigungen des Sehvermögens, Bücher in den Familiensprachen der Kinder, Reim- und Sprachspiele für ältere Kinder. Der Aspekt ist *nicht* gegeben, wenn die Bücher in irgendeiner Art Gewalt darstellen oder verherrlichen. Es sollten *nur* Bücher und Bilder berücksichtigt werden, die den Kindern zugänglich sind (z.B. nicht solche, die die pädagogischen Fachkräfte in ihren eigenen Fächern aufbewahren, wie Bastelbücher).

5.5 Vorlesen muss *mindestens einmal* beobachtet werden, um den Aspekt als gegeben einzuschätzen.

7.1 Für eine positive Einschätzung sollte ein Austausch bzw. eine Ergänzung von Büchern/Materialien *monatlich* erfolgen.

7.2 Dieser Aspekt ist gegeben, wenn sich *drei* oder *mehr* Bücher auf ein Thema beziehen, das im vergangenen Monat besprochen wurde. Wenn die Themen *selten* bzw. *nie* geändert werden, wird der Aspekt mit *Nein* eingeschätzt.

Fragen

7.1 Gibt es weitere Bücher, die Sie mit den Kindern nutzen? Wie häufig tauschen Sie die Bücher aus?

7.2 Wie wählen Sie die Bücher aus?

III. Sprachliche und kognitive Anregungen

16. Anregung zur Kommunikation*

Unzureichend		Minimal		Gut		Ausgezeichnet
1	2	3	4	5	6	7

Unzureichend

1.1 Pädagogische Fachkraft schafft *keine* Anlässe, um die Kinder zur Kommunikation anzuregen (z.B. *keine* Gespräche über Zeichnungen; *keine* Aufforderungen, Geschichten zu erzählen, Ideen für den Stuhlkreis einzubringen; sich an Fingerspielen und am Singen zu beteiligen).

1.2 *Sehr wenige* Materialien zugänglich, welche die Kinder zur Kommunikation anregen.*

Minimal

3.1 Pädagogische Fachkraft schafft *einige* Anlässe, um die Kinder zur Kommunikation anzuregen.*

3.2 *Einige* Materialien sind zugänglich, um die Kinder zur Kommunikation anzuregen.*

3.3 Anregungen zur Kommunikation sind im Allgemeinen für die Kinder angemessen.*

Gut

5.1 Anregungen zur Kommunikation finden während des Freispiels und bei geplanten Gruppenaktivitäten statt (z.B. Kinder beteiligen sich an Gesprächen über Zeichnungen; sie sprechen in kleinen Gruppen über Ausflüge).

5.2 Materialien zur Anregung der Kommunikation sind in *verschiedenen* Funktionsbereichen zugänglich (z.B. kleine Figuren und Tiere in der Bauecke; Handpuppen und Bildmaterial für Pinnwand in der Leseecke; Spielzeug für Rollenspiele im Innen- und Außenbereich).

Ausgezeichnet

7.1 Zuhören und Reden der pädagogischen Fachkraft stehen entsprechend des Alters und der Fähigkeiten der Kinder in angemessenem Verhältnis (z.B. sie lässt den Kindern Zeit zu antworten; formuliert für Kinder mit geringen Sprachfähigkeiten).

7.2 Pädagogische Fachkraft verbindet von Kindern gesprochene mit geschriebener Sprache (z.B. schreibt sie auf, was Kinder sagen und liest es ihnen dann vor; hilft ihnen, etwas für die Eltern aufzuschreiben).*

16. Anregung zur Kommunikation

Ergänzende Hinweise

Kinder *unterschiedlichen* Alters und mit *unterschiedlichen* Fähigkeiten oder anderen Familiensprachen brauchen *unterschiedliche* Anregungen zur Unterstützung ihrer Kommunikation. Es müssen geeignete Anregungen vorhanden sein, bspw. für Kinder mit anderer Muttersprache oder für Kinder, die alternative Kommunikationsmöglichkeiten brauchen, wie z.B. Gebärdensprache oder Kommunikationshilfen für unterstützte Kommunikation (z.B. körpereigene Kommunikationsmittel, wie Gestik, Mimik, Laute; nicht-elektronische Kommunikationshilfen, wie Fotos, Bild-/Symbolkarten; elektronische Kommunikationshilfen, wie Sprachausgabegeräte, Tablets mit entsprechenden Apps).

1.2 Materialien zur Unterstützung des Sprachgebrauchs beinhalten: Spieltelefone, Handpuppen, Bildmaterial für Pinnwand, Puppen und Requisiten für das Rollenspiel, kleine Figuren und Tiere, Bild- bzw. Schrifttafeln oder andere unterstützende Materialien für Kinder mit erhöhtem Förderbedarf. Dieser Aspekt wird mit *Ja* eingeschätzt, wenn den Kindern fast *keine* Materialien zugänglich sind oder Kinder *selten* die Möglichkeit haben, diese Materialien zu nutzen.

3.1 Die Anlässe, um die Kinder zur Kommunikation anzuregen, müssen *aktiv* zur sprachlichen Kommunikation auffordern, z.B. fragt die pädagogische Fachkraft, was das Kind baut oder womit es spielt, führt mit Kindern Fingerspiele, Lieder oder Reime bei Kreisspielen durch, unterstützt beim Geschichtenerzählen.

3.2 Um den Aspekt als gegeben einzuschätzen, müssen die Materialien *mindestens 1 Stunde täglich* zugänglich sein (bei einer Betreuungszeit von *8 Stunden oder mehr*; bei kürzerer Betreuungszeit entsprechend weniger).

3.3 Dieser Aspekt wird mit *Nein* eingeschätzt, wenn Lieder, Gedichte und/oder Reime mit gewalttätigem, sexuellem oder vorurteilsbehaftetem Inhalt beobachtet oder gehört werden.

7.2 Piktogramme oder Beschriftungen auf Regalen oder Gegenständen reichen *nicht* aus, um diesen Aspekt als gegeben einzuschätzen, auch nicht, wenn die pädagogische Fachkraft die Namen der Kinder auf deren Arbeiten schreibt, selbst wenn sie den Kindern ihre Namen vorliest.

Fragen

7.2 Was machen Sie, damit Kinder erleben, dass das, was sie sagen, auch aufgeschrieben wird? Bitte geben Sie einige Beispiele.

III. Sprachliche und kognitive Anregungen

17. Nutzung der Sprache zur Entwicklung kognitiver Fähigkeiten

Unzureichend		Minimal		Gut		Ausgezeichnet
1	2	3	4	5	6	7

1.1 Pädagogische Fachkraft spricht mit den Kindern *nicht* über Zusammenhänge (z.B. ignoriert die Fragen und die Neugier der Kinder, warum Dinge passieren; lenkt die Aufmerksamkeit *nicht* auf die Abfolge täglicher Ereignisse, auf Unterschiede und Gemeinsamkeiten von Anzahl, Größe, Form, auf Ursache-Wirkungs-Zusammenhänge).

1.2 Begriffe werden *nicht* oder *unangemessen* vermittelt (z.B. für das Alter und die Fähigkeiten der Kinder zu schwer; unangemessene Vorgehensweisen werden angewandt; Arbeitsblätter ohne konkreten Bezug zu den Erfahrungen der Kinder; pädagogische Fachkraft gibt Antworten, ohne den Kindern zu helfen, Dinge selbst herauszufinden).*

3.1 Pädagogische Fachkraft spricht *gelegentlich* über logische Zusammenhänge oder Inhalte von Begriffen (z.B. erklärt, dass sie nach dem Essen rausgehen; weist auf Größen und Unterschiede der Bausteine hin, die ein Kind benutzt).*

3.2 *Einige* Begriffe werden entsprechend des Alters und der Fähigkeiten der Kinder *angemessen* vermittelt, wobei Bezeichnungen und konkrete Erfahrungen der Kinder genutzt werden (z.B. pädagogische Fachkraft leitet Kinder mit Fragen und entsprechenden Bezeichnungen an, *große* und *kleine* Bausteine zu sortieren oder die Ursache für das Schmelzen von Eis herauszufinden).*

5.1 Pädagogische Fachkraft spricht über logische Zusammenhänge, während die Kinder mit Materialien zur Förderung ihrer kognitiven Fähigkeiten spielen (z.B. mit Karten, die in bestimmte Reihen gelegt werden müssen; bei Spielen zu Gleichheit/Ungleichheit, zu Größen und Formen von Spielzeugen; bei Sortier-, Zahlen- und Rechenspielen).*

5.2 Kinder werden angeregt, ihre Gedanken zu äußern, wenn sie einen Sachverhalt klären oder ein Problem lösen (z.B. warum sie die Gegenstände in unterschiedliche Kategorien sortiert haben; inwieweit zwei Bilder gleich oder unterschiedlich sind).*

7.1 Pädagogische Fachkraft unterstützt das kindliche Denken *nicht nur* punktuell, *sondern* während des gesamten Tagesablaufs, wobei sie aktuelle Ereignisse/Situationen/Erfahrungen zur Begriffsentwicklung nutzt (z.B. Kinder lernen logische Zusammenhänge, indem sie über ihre Erlebnisse im Tagesablauf sprechen oder sich den Handlungsablauf beim Kochen o.ä. vergegenwärtigen).*

7.2 Begriffe werden eingeführt mit Bezug auf die Interessen der Kinder oder auf konkrete Probleme, welche die Kinder lösen müssen (z.B. mit den Kindern während des Ausbalancierens beim Bauen eines hohen Turmes sprechen; den Kindern dabei helfen herauszufinden, wie viele Löffel sie zum Tischdecken benötigen).*

17. Nutzung der Sprache zur Entwicklung kognitiver Fähigkeiten

Ergänzende Hinweise

1.2 Die Vermittlung von Begriffen umfasst: Erkennen von Gleichheit/Unterschiedlichkeit, Ordnen, Klassifizieren, Reihenfolgen bilden, Eins-zu-Eins-Zuordnungen, Erfassen von Raum-/Lagebeziehungen, Ursache und Wirkung.

3.1 *»Pädagogische Fachkraft spricht gelegentlich über logische Zusammenhänge oder Inhalte von Begriffen«* bedeutet, dass die pädagogische Fachkraft während der Beobachtung *mindestens zweimal* Äußerungen macht, die sich auf logische Konzepte beziehen.

3.2 *»Einige Begriffe werden entsprechend des Alters und der Fähigkeiten der Kinder angemessen vermittelt«* meint Worte oder auch einfache Konzepte, die den Kindern erst angemessen vermittelt und erklärt werden müssen; Worte, mit denen sie noch nicht so vertraut sind, die ihnen erstmalig begegnen (z.B. das Wort »schmelzen«: Ein Eiswürfel schmilzt, was wird daraus? Wasser! Speiseeis schmilzt auch, aber es wird nicht zu Wasser. Warum?). Dieser Aspekt wird mit *Ja* eingeschätzt, wenn *mindestens zwei* Beispiele beobachtet werden.

5.1 *Mindestens ein* Beispiel muss beobachtet werden.

5.2 *Mindestens zwei* Beispiele müssen beobachtet werden.

7.1 Dieser Aspekt ist gegeben, wenn *mindestens zwei* Beispiele, die die Entwicklung kindlicher Denkprozesse anregen und die sich nicht auf die Nutzung von Spielmaterial beziehen, beobachtet werden.

7.2 *Mindestens zwei* Beispiele müssen beobachtet werden.

III. Sprachliche und kognitive Anregungen

18. Allgemeiner Sprachgebrauch*

Unzureichend		Minimal		Gut		Ausgezeichnet
1	2	3	4	5	6	7

Unzureichend (1)

1.1 Pädagogische Fachkraft nutzt Sprache *vorwiegend*, um das kindliche Verhalten zu kontrollieren und übliche Abläufe zu organisieren.

1.2 Pädagogische Fachkraft reagiert *selten* auf das, was die Kinder sagen.

1.3 Kinder werden *die meiste Zeit des Tages* davon abgehalten bzw. daran gehindert, sich zu unterhalten.

Minimal (3)

3.1 *Gelegentliche* Gespräche zwischen pädagogischer Fachkraft und Kindern (z.B. pädagogische Fachkraft stellt Fragen, auf welche die Kinder nur mit Ja/Nein oder mit kurzen Antworten reagieren können; gibt kurze Antworten auf Fragen der Kinder).*

3.2 Kinder dürfen sich die *meiste Zeit des Tages* unterhalten.

Gut (5)

5.1 *Viele* Gespräche zwischen pädagogischer Fachkraft und Kindern *während* des Freispiels und *täglicher* Routinen.

5.2 Pädagogische Fachkraft benutzt Sprache *meistens* zum Informationsaustausch mit den Kindern und zur sozialen Interaktion.*

5.3 Pädagogische Fachkraft fügt Informationen hinzu, um die Ideen der Kinder zu erweitern.*

5.4 Pädagogische Fachkraft regt Gespräche zwischen den Kindern an, besonders auch mit Kindern mit erhöhtem Förderbedarf (z.B. sie regt die Kinder an, einander zuzuhören; vermittelt allen Kindern Beispiele der Gebärdensprache, wenn ein Kind in der Gruppe Gebärdensprache benutzt).

Ausgezeichnet (7)

7.1 Pädagogische Fachkraft führt *mit den meisten* Kindern individuelle Gespräche.*

7.2 Pädagogische Fachkraft stellt Fragen, die längere und komplexere Antworten erfordern (z.B. jüngere Kinder werden gefragt »was« oder »wo«; ältere Kinder werden gefragt »warum« oder »wie«).*

18. Allgemeiner Sprachgebrauch

Ergänzende Hinweise

Die Zielrichtung dieses Merkmals ist, dass Kinder Anregungen bekommen, die ihren Bedürfnissen entsprechen. Wenn *mehrere* pädagogische Fachkräfte mit den Kindern arbeiten, sollte die Gesamtheit der Gespräche mit den Kindern eingeschätzt werden.

3.1 Um diesen Aspekt als gegeben einzuschätzen, müssen gegenseitiges Zuhören und Sprechen zwischen den Kindern und der pädagogischen Fachkraft angemessen sein. *»Gespräche«* müssen unterschieden werden von einseitiger Kommunikation, wie z.B. Anweisungen oder Aufforderungen. Für Kinder mit *geringen* sprachlichen Fähigkeiten sollen Antworten *nicht nur* verbal erfolgen, *sondern* es sollen auch Gestik, Gebärdensprache oder *andere* Kommunikationsmittel mit einbezogen werden.

5.2 Um diesen Aspekt mit *Ja* einschätzen zu können, muss der Anteil an Sprache, der eingesetzt wird, um das kindliche Verhalten zu kontrollieren und Abläufe zu organisieren, ins Verhältnis gesetzt werden zu dem Anteil an Sprache zur sozialen Interaktion und um Informationen auszutauschen. Dieser Aspekt ist gegeben, wenn in *75%* der Zeit der *wesentliche Anteil* der Sprache zum Informationsaustausch und zur sozialen Interaktion genutzt wird.

5.3 *»Erweitern«* bedeutet, dass die pädagogische Fachkraft verbal reagiert und dem, was das Kind sagt, weitere Informationen hinzufügt. Beispiel: Ein Kind sagt: »Guck mal, das Auto.« Die pädagogische Fachkraft antwortet: »Das ist ein rotes Müllauto. Schau mal hier, es hat Platz, viele Dinge mitzunehmen.« Es muss beobachtet werden, ob die pädagogische Fachkraft *viele* Worte benutzt, um auf die Interessen der Kinder einzugehen. Wenn ein Kind mit *begrenzten* sprachlichen Fähigkeiten auf einen Gegenstand deutet und die pädagogische Fachkraft nur den Namen nennt, reicht das nicht aus. Dieser Aspekt wird nur dann als gegeben eingeschätzt, wenn die pädagogische Fachkraft mehr Informationen hinzufügt (z.B. Farbe und andere Eigenschaften, Nutzung etc.). Der Aspekt kann auch als gegeben eingeschätzt werden, wenn die pädagogische Fachkraft ein Thema initiiert und auf die Antwort des Kindes hin weitere Informationen hinzufügt. *»Erweitern«* muss *mindestens zweimal* beobachtet werden.

7.1, 7.2 *Mehrere* Beispiele müssen beobachtet werden.

19. Feinmotorische Aktivitäten

Unzureichend		Minimal		Gut		Ausgezeichnet
1	2	3	4	5	6	7
1.1 Sehr wenige, dem Entwicklungsstand der Kinder angemessene, Materialien für feinmotorische Aktivitäten zum *täglichen* Gebrauch zugänglich. 1.2 Materialien für feinmotorische Aktivitäten sind allgemein in schlechtem Zustand oder unvollständig (z.B. fehlende Puzzleteile; kaum Nägel/Stifte für Nagelbrett vorhanden).*		3.1 *Einige,* dem Entwicklungsstand der Kinder angemessene, Materialien unterschiedlicher Art zugänglich.* 3.2 Die *meisten* Materialien sind in gutem Zustand und vollständig.*		5.1 *Vielfälte* dem Entwicklungsstand der Kinder angemessene, Materialien sind an einem *wesentlichen Teil des Tages* zugänglich.* 5.2 Materialien sind gut geordnet (z.B. Stecker und Steckbrett werden zusammen, Konstruktionsmaterialien unterschiedlicher Art werden getrennt aufbewahrt). 5.3 Materialien für unterschiedliche Fertigkeitsstufen sind zugänglich (z.B. verschiedene Arten von Puzzles entsprechen den unterschiedlichen feinmotorischen Fertigkeiten der Kinder).		7.1 Materialien werden regelmäßig ausgetauscht, um das Interesse der Kinder aufrechtzuerhalten (z.B. Materialien, an denen die Kinder schon länger kein Interesse mehr zeigen, werden aussortiert, andere Materialien werden hinzugefügt).* 7.2 Zugängliche Behälter und Regale zur Aufbewahrung sind gekennzeichnet, um die selbstständige Nutzung zu erleichtern (z.B. Bilder oder Symbole werden zur Kennzeichnung an Behältern und Regalen genutzt; Beschriftung für ältere Kinder).*

19. Feinmotorische Aktivitäten

Ergänzende Hinweise

1.2 *»Allgemein in schlechtem Zustand oder unvollständig«* bedeutet, dass 75% der Materialien nicht in angemessener Weise genutzt werden können, weil bspw. Teile fehlen und/oder beschädigt sind.

3.1 Es gibt unterschiedliche Arten von Materialien für feinmotorische Aktivitäten. Dazu gehören:
(1) *kleine Bau- und Steckspielzeuge zum In- und Aneinanderstecken*, wie Lego, Duplo, weiteres Konstruktionsmaterial etc.
(2) *Materialien zum kreativen Gestalten,* wie Buntstifte und Scheren;
(3) *Manipulative Materialien,* wie Perlen zum Auffädeln in verschiedenen Größen; Stecker und Steckbrett, Handarbeitsmaterialien, wie bspw. ein Nähset für Kinder;
(4) *Puzzles* mit unterschiedlichem Schwierigkeitsgrad, aus verschiedenen Materialien wie Holz, Pappe, Plastik.
Um ein Beispiel einer Art in die Einschätzung einzubeziehen, muss es vollständig und in ausreichend gutem Zustand sein, um die Aktivität zu ermöglichen, für die es vorgesehen ist. Demzufolge sind Buntstifte und Papier zum Malen ein Beispiel für Materialien zum kreativen Gestalten, ein Puzzle mit allen zugehörigen Teilen ist ein Beispiel von Puzzles, ein Set mit Perlen und Fäden/Schnüren ist ein Beispiel der manipulativen Materialien.
»Einige (...) Materialien unterschiedlicher Art zugänglich« bedeutet, dass *mindestens zwei* Beispiele von *jeder* Art für *1 Stunde täglich* zugänglich sind (bei einer Betreuungszeit von *8 Stunden und mehr*; bei kürzerer Betreuungszeit entsprechend weniger).

3.2 *»Die meisten«* bedeutet 75% der Materialien für feinmotorische Aktivitäten.

5.1 *»Vielfältige, dem Entwicklungsstand der Kinder angemessene, Materialien«* erfordern, dass *mindestens drei* Beispiele *jeder* Art für einen *wesentlichen Teil des Tages* zugänglich sind. Es müssen nicht viele Materialien jeder Art zur gleichen Zeit zugänglich sein, eine Kombination dieser Materialien muss jedoch für einen *wesentlichen Teil des Tages* zugänglich sein, um den Kindern eine breite Auswahl zu ermöglichen. Wenn von einer Art *weniger als drei* Beispiele vorhanden sind, kann eine andere Art dies auch ausgleichen.

7.1. Für eine positive Einschätzung dieses Aspekts sollten *zusätzliche* Materialien *monatlich* ergänzt oder ausgetauscht werden.

7.2 Um diesen Aspekt als gegeben einzuschätzen, müssen fast alle Regale und/oder Behälter zur Aufbewahrung der Materialien mit Kennzeichnungen (z.B. Bilder, Piktogramme, Beschriftungen) versehen sein, die für die Kinder verständlich sind.

Fragen

7.1 Haben Sie weitere feinmotorische Materialien, die Sie austauschen oder ergänzen können? Wenn ja, wie häufig geschieht dies?

20. Künstlerische Aktivitäten*

Unzureichend		Minimal		Gut		Ausgezeichnet
1	2	3	4	5	6	7

Unzureichend

1.1 Den Kindern stehen kaum Materialien für künstlerische Aktivitäten zur Verfügung.*

1.2 Kein individueller Ausdruck bei künstlerischen Aktivitäten (z.B. Ausmalen von Malbüchern oder Arbeitsblättern; Kopieren einer Vorlage nach Anweisung der pädagogischen Fachkraft).*

Minimal

3.1 *Einige* Materialien für künstlerische Aktivitäten sind *mindestens 1 Stunde täglich* zugänglich.*

3.2 *Gewisser* individueller Ausdruck beim Umgang mit Materialien für künstlerische Aktivitäten (z.B. Kinder dürfen vorgefertigte Formen nach eigenen Vorstellungen gestalten; zusätzlich zu von der pädagogischen Fachkraft vorgegebenen Arbeiten dürfen sie auch individuelle Dinge gestalten).*

Gut

5.1 *Viele und vielfältige* Materialien für künstlerische Aktivitäten für einen *wesentlichen Teil des Tages* zugänglich.*

5.2 Individueller Ausdruck im Umgang mit Materialien überwiegt (z.B. kaum Arbeiten, bei denen Kinder eine Vorlage nachahmen; die Arbeiten der Kinder sind vielfältig und individuell).*

Ausgezeichnet

7.1 *Drei*dimensionale Materialien werden *mindestens einmal im Monat* einbezogen (z.B. Ton, Knete, Holz).

7.2 *Einige* der künstlerischen Aktivitäten stehen in Beziehung zu anderen Erfahrungen der Gruppe (z.B. Kinder malen Bilder von Ereignissen bei einem gemeinsamen Ausflug).

7.3 Es werden Vorkehrungen getroffen, damit Kinder über *mehrere* Tage an künstlerischen Aktivitäten oder Projekten arbeiten können (z.B. noch nicht fertig gestellte Arbeiten können aufbewahrt werden; Kinder werden zu Arbeiten angeregt, die mehrere aufeinander folgende Schritte erfordern).

20. Künstlerische Aktivitäten

Ergänzende Hinweise

Arten von Materialien für künstlerische Aktivitäten sind:
(1) *Materialien zum Zeichnen*, wie Papier, Buntstifte, ungiftige Filzstifte, dicke Stifte;
(2) *Materialien zum Malen*, wie Pinsel und Farben;
(3) *dreidimensionale Materialien*, wie Knet- und Formmasse, Ton, Materialien für Arbeiten mit Holz;
(4) *Materialien für Collagen*, wie Karton, Zeitungen, Fotos, Naturmaterialien;
(5) *Hilfsmittel*, wie Scheren, Heftklammern, Locher, Klebeband.

1.1 *»Kaum (...) zur Verfügung stehen«* bedeutet, dass Materialien für künstlerische Aktivitäten seltener als *einmal täglich* angeboten werden oder, falls *täglich* angeboten, nicht alle Kinder die Möglichkeit zur Teilnahme haben, wenn sie es möchten, oder dass die zur Verfügung gestellte Zeit zu kurz ist für die Bedürfnisse der Kinder.

1.2, 3.2 *»Individueller Ausdruck«* heißt, jedes Kind kann sich das Thema und/oder die Materialien auswählen und die Arbeit auf seine Weise ausführen. Auch eine gewisse Anzahl von ausgestellten Bildern, die unterschiedlich sind, weil Kinder keine Vorlage nachahmen sollten, kann als *individueller Ausdruck* eingeschätzt werden.

3.1 *»Einige Materialien (...)«* bedeutet, dass *mindestens ein* nutzbares Material für künstlerische Aktivitäten zugänglich ist, das den Kindern das künstlerische Darstellen ermöglicht (z.B. Buntstifte und Papier). Die Materialien müssen *mindestens 1 Stunde täglich* zugänglich sein (bei einer Betreuungszeit von *8 Stunden und mehr*; bei kürzerer Betreuungszeit entsprechend weniger). In Gruppen mit Kindern *unter drei Jahren* oder mit Entwicklungsverzögerungen kann die pädagogische Fachkraft die Materialien unter Beaufsichtigung *täglich* solange zur Verfügung stellen, wie Interesse bei den Kindern besteht. Für Kinder mit erhöhtem Förderbedarf können Anpassungen bei der Zugänglichkeit und der Nutzung von Materialien notwendig werden.

5.1 *»Viele und vielfältige Materialien«* bedeutet: *drei bis fünf* verschiedene Materialien für künstlerische Aktivitäten aus *mindestens vier* der *fünf* genannten Arten sind für einen *wesentlichen Teil des Tages* zugänglich. Materialien zum Zeichnen müssen dabei sein. Es müssen nicht alle Arten zur gleichen Zeit zugänglich sein, solange jede für eine gewisse Zeit zur Verfügung steht. Nahrungsmittel werden nicht als Material für künstlerische Aktivitäten berücksichtigt.

5.2 *»Individueller Ausdruck (...) überwiegt«* bedeutet, dass Kinder in über *75%* der Zeit, in der Materialien für künstlerische Aktivitäten genutzt werden, frei gestalten dürfen, ohne sich nach einer Vorgabe richten zu müssen. Es muss beobachtet werden, ob die Kinder Zugang zu den Materialien haben und ob sie diese tatsächlich auf ihre eigene kreative Weise nutzen. Auch im Raum ausgestellte Werke sind zu berücksichtigen. Sind viele unter der Anleitung von pädagogischen Fachkräften entstandene Werke ausgestellt und können während des Beobachtungszeitraums nur *wenige* individuelle Aktivitäten der Kinder festgestellt werden, ist dieser Aspekt nicht gegeben.

Fragen

7.1 Werden Materialien für *drei*dimensionales Gestalten, wie bspw. Ton oder Holz, genutzt? Wenn ja, wie oft?
7.2 Wie wählen Sie die künstlerischen Aktivitäten aus, die Sie den Kindern anbieten?
7.3 Bieten Sie den Kindern künstlerische Aktivitäten an, an denen sie über mehrere Tage hinweg arbeiten können? Bitte beschreiben Sie einige Beispiele.

IV. Aktivitäten

21. Musik und Bewegung*

Unzureichend		Minimal		Gut		Ausgezeichnet
1	2	3	4	5	6	7

1.1 *Keine* Möglichkeiten für Erfahrungen mit Musik oder Bewegung.

1.2 Laute Hintergrundmusik läuft an einem *wesentlichen Teil des Tages* und stört laufende Aktivitäten (z.B. ist es schwierig, sich in normaler Lautstärke zu unterhalten; die Musik führt dazu, dass der Lärmpegel in der Gruppe steigt).

3.1 *Einige* Materialien für musikalische Erfahrungen sind den Kindern zugänglich (z.B. einfache Instrumente; Klangspielzeuge; CD-Player).*

3.2 Pädagogische Fachkraft sorgt *mindestens einmal täglich* für musikalische Aktivitäten (z.B. singt mit den Kindern ein Lied; sanfte Musik zur Ruhe- und Schlafenszeit; Musik zum Tanzen).

3.3 *Mindestens einmal pro Woche* findet *eine* Bewegungs-/Tanzaktivität statt (z.B. Bewegungen zu Musik, Liedern oder Reimen; Kinder bekommen Tücher und werden zum Tanzen zur Musik angeregt).

5.1 *Viele* verschiedene Materialien für musikalische Erfahrung sind für die Kinder zugänglich (z.B. Musikecke mit Instrumenten, CD-Player, Tanzrequisiten).*

5.2 Die Kinder können Erfahrungen mit verschiedenen Arten von Musik machen (z.B. Klassik und Popmusik, Kinderlieder, Musik aus verschiedenen Kulturen, einige Lieder in anderen Sprachen).*

7.1 *Täglich* stehen musikalische Aktivitäten sowohl zur freien Auswahl als auch in der Gruppe zur Verfügung.

7.2 *Gelegentlich* werden musikalische Aktivitäten angeboten, die das Verständnis der Kinder für Musik erweitern (z.B. jemand wird eingeladen, um ein Instrument vorzuführen; Kinder stellen Instrumente her; pädagogische Fachkraft führt Aktivitäten zur Unterscheidung von Klängen durch).*

7.3 Kreativität der Kinder wird durch musikalische Aktivitäten gefördert (z.B. werden Kinder angeregt, neue Wörter/Texte zu Melodien zu improvisieren; individueller Ausdruck beim Tanzen wird angeregt).

21. Musik und Bewegung

Ergänzende Hinweise

Für dieses Merkmal werden nur Angebote/Aktivitäten eingeschätzt, die allen Kindern offen stehen und nicht extra bezahlt werden müssen (wie bspw. extra bezahlte musikalische Frühförderung).

Beispiele für Materialien für musikalische Aktivitäten sind:

(1) *Verschiedene Instrumente*, z.B. einfache Klanginstrumente, wie Triangeln oder Klanghölzer, Rasseln, Trommeln, Tamburine, Glockenspiele/Xylophone, Flöten, Schellen und Glocken; oder auch einfache Klangspielzeuge, wie Musikboxen, weiche Spielzeuge, Tiere oder Puppen mit Geräuscheffekten. Die Instrumente können selbst hergestellt oder gekauft sein.
(2) *Geräte zum Musikhören*, z.B. Spieluhren, Computer, CD- oder MP3-Player.
(3) *Materialien für Bewegungs- und Tanzaktivitäten* sind z.B. Rhythmusinstrumente, Tücher, Ringe, Bänder, Tutus, Lieder und Musik.

3.1 *»Einige Materialien (...) zugänglich«* bedeutet, dass *wenigstens zwei* verschiedene Materialien für musikalische Erfahrungen *mindestens 1 Stunde täglich* zugänglich sind (bei einer Betreuungszeit von *8 Stunden und mehr*; bei kürzerer Betreuungszeit entsprechend weniger). Diese Materialien müssen nicht zur gleichen Zeit zugänglich sein.

5.1 *»Viele verschiedene Materialien (...) zugänglich«* bedeutet, es müssen ausreichend Musikinstrumente für *mindestens die Hälfte* der Kinder gleichzeitig zugänglich sein sowie zusätzlich Musik zum Anhören, z.B. CD-Player mit CDs oder Computerprogramm mit umfangreichem musikalischen Inhalt (z.B. vollständige Lieder und/oder Musikpassagen). Kurze musikalische Klangmuster, wie z.B. in Computerspielen, werden nicht berücksichtigt. Die Ausstattung und Requisiten für Tanz müssen mit Musik verbunden sein, wie Musik von CDs, von Kindern oder pädagogischen Fachkräften selbstgemachte Musik. In einer Gruppe von älteren Kindern (Mehrheit der Kinder 4 Jahre und älter) sollte z.B. ein CD-Player zugänglich sein, so dass es den Kindern möglich ist, die CDs selbstständig zu nutzen. In Gruppen mit jüngeren Kindern kann die Hilfestellung der pädagogischen Fachkraft erforderlich sein.
Um den Aspekt als gegeben einzuschätzen, müssen die Materialien für musikalische Erfahrungen für *mindestens 1 Stunde täglich* zugänglich sein (bei einer Betreuungszeit von *8 Stunden und mehr*; bei kürzerer Betreuungszeit entsprechend weniger).

5.2 *»Verschiedene Arten von Musik«* bedeuten *mindestens drei* verschiedene Arten.

7.2 *»Gelegentlich«* bedeutet *mindestens drei- bis viermal pro Jahr.*

Fragen

Allgemein: Wie handhaben Sie den Bereich Musik in Ihrer Gruppe?

3.2 Wie oft führen Sie mit den Kindern musikalische Aktivitäten durch?
3.3 Gibt es Tanz- oder Bewegungsaktivitäten für die Kinder? Wenn ja, wie oft finden diese statt?
5.2 Welche Arten von Musik hören Sie mit den Kindern?
7.2 Gibt es besondere musikalische Aktivitäten? Wenn ja, welche? Wie häufig finden diese statt?
7.3 Haben die Kinder die Möglichkeit, musikalische Aktivitäten nach ihren eigenen Vorstellungen zu gestalten?

22. Bausteine*

Unzureichend		Minimal		Gut		Ausgezeichnet
1	2	3	4	5	6	7
1.1 Den Kindern sind nur *wenige* Bausteine zugänglich.*		3.1 *Ausreichend* Bausteine und Zubehör sind zugänglich, so dass *mindestens zwei* Kinder gleichzeitig und unabhängig voneinander bauen können.* 3.2 *Gewisser* freier Bodenbereich wird für Bauspiele genutzt. 3.3 Bausteine und Zubehör sind für den *täglichen* Gebrauch zugänglich.*		5.1 *Ausreichend* Platz, Bausteine und Zubehör zugänglich, so dass *drei oder mehr* Kinder gleichzeitig damit spielen können.* 5.2 Bausteine und Zubehör sind nach unterschiedlichen Arten geordnet. 5.3 Spezielle Bauecke abseits der Laufwege, mit Aufbewahrungsmöglichkeiten und angemessenem Bodenbelag (z.B. flacher Teppich oder andere stabile Oberfläche).* 5.4 Bauecke/-bereich ist an einem *wesentlichen Teil des Tages* zugänglich.*		7.1 *Mindestens zwei* unterschiedliche Arten von Bausteinen und eine Vielfalt an Zubehör sind *täglich* zugänglich (z.B. große und kleine Bausteine; kommerzielle und selbst hergestellte Bausteine).* 7.2 Bausteine und Zubehör werden in offenen, gekennzeichneten Regalen aufbewahrt (z.B. mit einem Bild oder Symbol eines Bausteins gekennzeichnet).* 7.3 *Einige* Materialien für Bauspiele stehen auch im Außenbereich zur Verfügung.

22. Bausteine

Ergänzende Hinweise

Bausteine sind Materialien, um größere Strukturen zu bauen. Verschiedene Arten von Bausteinen sind:
(1) *unterschiedliche Bausteine* aus Holz, Kunststoff, Stoff, Schaumstoff, mit unterschiedlichen Grundflächen wie Rechteck, Quadrat, Dreieck und Kreis;
(2) *großformatige Hohlbausteine* aus Holz, Kunststoff oder Karton;
(3) *selbstgemachte Bausteine* aus Pappe, auch Haushaltsgegenstände, wie Lebensmittel- oder Kunststoffbehälter.

Materialien zum An- und Ineinanderstecken, wie z.B. Duplo und Lego, werden unter Merkmal 19 *»Feinmotorische Aktivitäten«* berücksichtigt. In der Regel befindet sich die Bauecke im Raum. Eine Bauecke außerhalb des Raums, zu der die Kinder regelmäßig Zugang haben, wird bei der Einschätzung berücksichtigt.

1.1 *»Wenige Bausteine«* bedeutet, dass keine Bausteine zugänglich sind, welche die Kinder nutzen können, oder nur wenige Bausteine zugänglich sind, so dass keine *zwei* Kinder jeweils ein größeres Werk bauen könnten.
3.1 *»Ausreichend Bausteine«* bedeutet, dass genügend Bausteine einer bestimmten Art zum Bauen eines größeren Werkes vorhanden sind. Zusammengewürfelte Baustein-Sammlungen mit jeweils weniger als *10 bis 20* Bausteinen einer Art werden nicht berücksichtigt, da dies den Kindern das Bauen erschwert. Für eine positive Einschätzung muss das Zubehör in oder in der Nähe der Bauecke zugänglich sein, so dass für die Kinder offensichtlich ist, dass diese Materialien zusammen mit den Bausteinen verwendet werden können. Zubehör bereichert das Bauspiel, Beispiele für Zubehör sind: kleine Puppen und Figuren, Tiere, Fahrzeuge und Verkehrsschilder. Wird das Zubehör nicht in der Nähe der Bausteine oder zusammen mit diesen aufbewahrt, wird der Aspekt nur dann als gegeben eingeschätzt, wenn die Kinder die Materialien tatsächlich auch als Zubehör beim Bauspiel nutzen.
3.3 Um den Aspekt mit *Ja* einzuschätzen, müssen die Bausteine und das Zubehör für *1 Stunde täglich* zugänglich sein (bei einer Betreuungszeit von *8 Stunden und mehr*; entsprechend weniger bei kürzerer Betreuungszeit).
5.1 Für diesen Aspekt ist es erforderlich, dass ausreichend Bausteine zugänglich sind, so dass *drei oder mehr* Kinder unabhängig voneinander größere Werke bauen können. Es sollte beobachtet werden, wie der Bereich für das Bauspiel von den Kindern genutzt wird. Es ist keine spezifische Quadratmeterzahl erforderlich. Wenn die Nutzung der Bauecke nicht beobachtet werden kann, muss eingeschätzt werden, wie die Nutzung der Bauecke entsprechend ihrer Größe und der zugänglichen Arten von Bausteinen aussehen würde. Bei der Einschätzung müssen auch das Alter und die Fähigkeiten der Kinder berücksichtigt werden.
5.3 In der Bauecke können *zusätzlich* auch andere Arten von kleinen und ineinandersteckbaren Konstruktionsmaterialien, entsprechend Merkmal 19 *»Feinmotorische Aktivitäten«*, vorhanden sein; auch Spielzeughelme oder kleine Spielzeughäuser, die nicht viel Platz benötigen und das Bauspiel nicht stören, können sich in der Bauecke befinden. Der Aspekt ist nicht gegeben, wenn andere Materialien (z.B. feinmotorische Materialien, Materialien für künstlerische Aktivitäten und Rollenspiele oder Werkzeuge) mit den Bausteinen vermischt sind und das eigentliche Bauspiel beeinträchtigen.
5.4 Alle Baubereiche, die bei der Einschätzung der Zugänglichkeit für einen *wesentlichen Teil des Tages* berücksichtigt werden, müssen die Anforderungen der Aspekte *5.1 bis 5.3* erfüllen. Es können zusätzliche Bauecken im Außenbereich oder in weiteren Innenräumen vorhanden sein.
7.1 *»Mindestens zwei unterschiedliche Arten«* meint Bausteine aus *zwei* unterschiedlichen Materialien, bspw. aus Holz, Kunststoff, Pappe, Schaumstoff etc.
7.2 Der Aspekt ist nicht gegeben, wenn die Kennzeichnung der Regale ausschließlich mit Wörtern ohne eine bildliche Darstellung von Bausteinen oder des Zubehörs erfolgt.

Fragen

7.3 Spielen die Kinder auch im Außenbereich mit Bausteinen?

IV. Aktivitäten

23. Sand/Wasser*

Unzureichend		Minimal		Gut		Ausgezeichnet
1	2	3	4	5	6	7
1.1 *Keine* Ausstattung für Spiele mit Sand *oder* Wasser vorhanden, *weder* draußen *noch* drinnen.* 1.2 *Keine* Spielzeuge, die für Spiele mit Sand *oder* Wasser genutzt werden können.		3.1 *Gewisse* Ausstattung für Spiele mit Sand *oder* Wasser zugänglich, entweder draußen *oder* drinnen.* 3.2 *Einige* Spielzeuge für Sand- oder Wasserspiele sind zugänglich.		5.1 Ausstattung für Spiele mit Sand *und* Wasser zugänglich, entweder draußen *oder* drinnen. 5.2 *Vielfalt* von Spielzeugen zugänglich (z.B. Behälter, Löffel, Kellen, Schaufeln, Trichter, Töpfe und Pfannen, Formen, Tiere, Puppen, Sandautos usw.).* 5.3 Spiele mit Sand *oder* Wasser sind *mindestens 1 Stunde täglich* möglich.*		7.1 Ausstattung für Spiele mit Sand und Wasser zugänglich, drinnen *und* draußen (soweit das Wetter es zulässt).* 7.2 Es finden verschiedene Aktivitäten mit Sand *und* Wasser statt (z.B. Zugabe von Schaum ins Wasser; Materialien im Sandtisch werden ausgetauscht, z.B. feiner Sand wird durch kleine Kieselsteine ersetzt).

23. Sand/Wasser

Ergänzende Hinweise

Sand kann durch andere Materialien, die sich zum Schütten eignen, wie z.B. Hirse, Vogelfutter, oder Getreidekörner ersetzt werden. Sand oder entsprechender Sand-Ersatz (z.B. Therapiesand) muss in ausreichender Menge vorhanden sein, so dass Kinder damit graben, umfüllen und schütten können. Holzspäne können berücksichtigt werden, wenn sie wie Sand genutzt werden (schütten und darin graben) und die Kinder sich keine Splitter zuziehen können. Gesundheits- und Sicherheitsaspekte bei der Nutzung von Sand, Wasser oder Sand-Ersatz sind bei den Merkmalen 13 *»Maßnahmen zur Gesundheitsvorsorge«* und 14 *Sicherheit* zu berücksichtigen.

1.1 *»Ausstattung für Spiele mit Sand und Wasser«* setzt voraus, dass angemessene Materialien für solche Spiele bereitgestellt werden. Wenn die Kinder in einer Pfütze spielen oder in der Erde auf dem Spielplatz graben dürfen, ist die Voraussetzung für diesen Aspekt nicht erfüllt.

3.1 Es muss nicht in jedem Gruppenraum ein Sand- und Wassertisch vorhanden sein, aber die Kinder müssen regelmäßig die Möglichkeit haben, diese Ausstattung zu nutzen, wenn der Sand- und Wassertisch mit anderen Gruppen geteilt wird. Um den Aspekt als gegeben einzuschätzen, muss die Ausstattung nicht *täglich*, jedoch *regelmäßig* zugänglich sein: *mindestens zweimal pro Woche* für jeweils *eine halbe Stunde.*

3.2 *»Einige Spielzeuge für Sand- oder Wasserspiele«* bedeutet, dass *mindestens zwei oder mehr* Spielzeuge für Sand oder Wasser für die Kinder zugänglich sind.

5.2 Bei einer *»Vielfalt von Spielzeugen«* muss die Verschiedenartigkeit der Spielzeuge berücksichtigt werden, welche die Kinder nutzen können, in Bezug auf: Eigenschaften, Verwendungszweck, Größe, Transparenz, Form, Farbe. Die größte Bedeutung für die Einschätzung hat die Nutzbarkeit der Spielzeuge. Wenn lediglich mehrere Exemplare des gleichen Spielzeugs (z.B. viele Löffel) zugänglich sind, ist keine Vielfalt gegeben. Es müssen nicht alle Spielzeuge gleichzeitig zugänglich sein, eine Vielfalt kann auch durch *regelmäßigen* Austausch von Materialien gegeben sein. Wenn die pädagogische Fachkraft angibt, dass die Spielzeuge *regelmäßig* ausgetauscht werden, sollten auch die anderen Spielzeuge angesehen und nachgefragt werden, wie oft diese ausgetauscht werden. Sind Sand *und* Wasser zugänglich, muss für beide eine Vielfalt an Spielzeugen bereitgestellt werden, es können jedoch die gleichen Spielzeuge sein. Bei der Einschätzung der Vielfalt sollte auch die *Anzahl* der zugänglichen Spielzeuge berücksichtigt werden. Wenn z.B. die Spielzeuge von wenigen Kindern zur gleichen Zeit genutzt werden, sind weniger Spielzeuge erforderlich, so lange sie für unterschiedliche Zwecke genutzt werden können. Für eine größere Anzahl an Kindern sind mehr Spielzeuge erforderlich.

5.3 Bei Betreuungszeiten von *4 Stunden oder weniger* ist *eine halbe Stunde* erforderlich.

7.1 Um diesen Aspekt als gegeben einzuschätzen, müssen getrennte Ausstattungen für Sand- *und* Wasserspiele für den Gebrauch im Innen- *und* Außenbereich zugänglich sein. Es genügt nicht, wenn die Ausstattung (z.B. ein Sand-/Wassertisch) jeden Tag zwischen dem Innen- und Außenbereich transportiert werden muss.

Fragen

3.1 Haben die Kinder Möglichkeiten für Sand- oder Wasserspiele? Wenn ja, wie häufig finden diese statt? Wo sind Sand/Wasser zugänglich?

1.2, 3.2, 5.2 Gibt es Spielzeuge, die die Kinder für Spiele mit Sand oder Wasser nutzen? Beschreiben Sie diese bitte.

5.2 Haben Sie weitere Spielzeuge für Sand- und Wasserspiele, die Sie austauschen oder ergänzen können? Wenn ja, wie häufig geschieht dies?

7.2 Bieten Sie wechselnde Aktivitäten mit Sand und Wasser an? Wenn ja, wie häufig?

IV. Aktivitäten

24. Rollenspiel*

Unzureichend		Minimal		Gut		Ausgezeichnet
1	2	3	4	5	6	7

Unzureichend (1)

1.1 *Keine* Materialien und Ausstattung für Verkleidungs- oder Rollenspiele zugänglich.

Minimal (3)

3.1 *Einige* Materialien und Möbel für Familienspiele zugänglich (z.B. Verkleidungssachen, Haushaltsgegenstände, Puppen).

3.2 Diese Materialien sind *mindestens 1 Stunde täglich* zugänglich.*

3.3 Spezielle Aufbewahrung von Materialien für Rollenspiele.

Gut (5)

5.1 *Viele* Materialien für Rollenspiele zugänglich, einschließlich Verkleidungssachen.*

5.2 Diese Materialien sind an einem *wesentlichen Teil des Tages* zugänglich.*

5.3 Ausstattung für *mindestens zwei* verschiedene Themen ist *täglich* zugänglich (z.B. Haushalt und Beruf).*

5.4 Spezieller Bereich für Rollenspiel mit ausreichendem Platz zum Spielen und angemessenen Aufbewahrungsmöglichkeiten vorhanden.*

Ausgezeichnet (7)

7.1 Materialien werden ausgetauscht, um eine Vielfalt von Spielthemen zu ermöglichen (z.B. Ausstattungskisten für Themen aus der Arbeitswelt, aus dem Fantasie- oder Freizeitbereich).

7.2 Ausstattung repräsentiert Verschiedenartigkeit (z.B. Puppen; Requisiten aus verschiedenen Kulturen; Hilfsmittel für Menschen mit Beeinträchtigungen).*

7.3 Ausstattung für Rollenspiele im Außenbereich vorhanden.*

7.4 Bilder, Geschichten und Ausflüge werden genutzt, um das Rollenspiel mit neuen Ideen zu bereichern.

24. Rollenspiel

Ergänzende Hinweise

»Rollenspiel« bedeutet »so tun, als ob«. Die Kinder können bei dieser Art von Spiel selbst Rollen verkörpern oder Rollen über andere Figuren – wie z.B. eine Puppenfamilie in einem Puppenhaus – zum Ausdruck bringen. Aktivitäten, die den Kindern Abläufe zur korrekten Durchführung von Haushaltsarbeiten vermitteln sollen, wie z.B. den Tisch abwischen oder Geschirr abwaschen, gehören nicht dazu. Die Kinder müssen die Materialien nach ihren eigenen Vorstellungen in ihrem Fantasiespiel nutzen können. Das Rollenspiel wird unterstützt durch Materialien, die eine Vielzahl von Themen anregen, einschließlich

(1) *häuslicher Situationen*, wie z.B. durch Puppen, Kindermöbel, Verkleidungssachen, Küchenutensilien;
(2) *Themen aus der Arbeits- und Berufswelt*, wie Büro, Baustelle, Geschäft, Bauernhof, Feuerwehr, Transport;
(3) *Fantasie*, wie z.B. Tiere, Dinosaurier, Figuren aus Geschichten und
(4) *Freizeit*, wie Camping oder Sport.

3.2 Um den Aspekt als gegeben einzuschätzen, müssen die Materialien *mindestens 1 Stunde täglich* zugänglich sein (bei einer Betreuungszeit von *8 Stunden und mehr*; entsprechend weniger bei kürzerer Betreuungszeit).

5.1 *»Viele Materialien«* bedeutet, dass *drei oder mehr* Kinder die Materialien für Rollenspiele gleichzeitig nutzen können, ohne sich darum streiten zu müssen, und dass genügend Materialien vorhanden sind, um ein komplexeres Rollenspiel anzuregen. Verkleidungssachen müssen als ein Teil der Rollenspielmaterialien vorhanden sein, viele verschiedene Verkleidungssachen sind jedoch nicht erforderlich; Hüte, Handtaschen und Schuhe zählen dazu. Kinder entwickeln ihre Geschlechtsrollenidentität und brauchen Verkleidungssachen, die mit Mann- oder Frau-Sein verbunden sind. *Zwei* oder *drei* geschlechtstypische Requisiten für *mindestens eines* der Geschlechter sind erforderlich (z.B. Herrenhüte oder Herrenschuhe als Männerbekleidung; Handtaschen oder Damenhüte als Frauenbekleidung). Eher neutrale Kleidungsstücke wie Pullover oder Turnschuhe werden nicht zu den geschlechtsspezifischen Verkleidungssachen gezählt.

5.2 Bei der Einschätzung der Zugänglichkeit für einen *wesentlichen Teil des Tages* sind die Materialien sowohl im Innen- als auch im Außenbereich zu berücksichtigen. Verkleidungssachen sind für das Rollenspiel im Außenbereich nicht erforderlich. Die Materialien müssen so beschaffen sein, dass ein bedeutungsvolles Rollenspiel möglich ist. Beispiele sind: Ein Spielhaus im Außenbereich muss mit Möbeln und anderen Requisiten ausgestattet sein, ein Puppenwagen mit Puppen, Küchenmöbel mit Küchenutensilien; für Kinderautos sollten eine Zapfsäule oder Gegenstände zum Transportieren vorhanden und für Spielzeugautos im Sandkasten eine Garage oder Spielfiguren verfügbar sein.

5.3 Für die Einschätzung müssen Kleinspielzeuge im Innen- sowie im Außenbereich berücksichtigt werden, die für Rollenspiele genutzt werden können (z.B. kleine Puppen, Lastwagen, Tiere).

5.4 *»Angemessene Aufbewahrungsmöglichkeiten«* bedeutet, dass Materialien gleichen Typs (z.B. Puppen, Verkleidungssachen, Kochgeräte, Spielzeuglebensmittel) im Allgemeinen zusammen aufbewahrt werden; es geht nicht um eine perfekte Ordnung der Aufbewahrung.

7.2 Für diesen Aspekt sollten *Puppen unterschiedlicher Ethnien, Kulturen, Altersgruppen und Fähigkeiten* sowie *Verkleidungssachen, Spielzeuglebensmittel* und *Kochutensilien*, die unterschiedliche Kulturen repräsentieren, berücksichtigt werden. Der Aspekt ist gegeben, wenn *mindestens zwei* der genannten Beispiele beobachtet werden. Wenn eines der Materialien in einer negativen Art und Weise dargestellt wird, muss der Aspekt mit *Nein* eingeschätzt werden.

7.3 Bei diesem Aspekt wird erfasst, ob genug Platz vorhanden ist, so dass Kinder ihr Rollenspiel lebhaft gestalten können, ohne andere Aktivitäten zu stören. Ein großzügiger Innenbereich wie eine Turn- oder Mehrzweckhalle können in die Einschätzung einbezogen werden und einen ggf. nicht vorhandenen Außenbereich ersetzen. Die Ausstattung und Materialien für das Rollenspiel sollen zugänglich sein (z.B. Spielhäuser, Autos oder Boote, Requisiten für Camping, Kochen, Freizeit, Arbeit, Transport und Verkleidungssachen).

Fragen

7.1 Gibt es noch weitere Materialien für Rollenspiele, die die Kinder nutzen können? Tauschen bzw. ergänzen Sie die Materialien für das Rollenspiel? Wenn ja, wie oft?
7.3 Werden Materialien für Rollenspiele auch im Außenbereich genutzt?
7.4 Tun Sie etwas, um das Rollenspiel der Kinder mit neuen Ideen zu erweitern? Wenn ja, was?

25. Naturerfahrungen/Sachwissen*

Unzureichend		Minimal		Gut		Ausgezeichnet
1	2	3	4	5	6	7

Unzureichend

1.1 *Keine* Spiele, Materialien oder Aktivitäten für Naturerfahrungen/Sachwissen zugänglich.

1.2 Es werden *keine* Orte/Personen außerhalb der Einrichtung mit den Kindern besucht.

Minimal

3.1 *Einige* dem Entwicklungsstand der Kinder angemessene Spiele, Materialien oder Aktivitäten aus dem Bereich Naturerfahrungen/Sachwissen zugänglich.*

3.2 Diese Materialien sind *täglich* zugänglich.*

3.3 Kinder werden angeregt, Dinge aus der Natur mitzubringen, um sie anderen Kindern zu zeigen oder um sie Sammlungen hinzuzufügen (z.B. Blätter, Muscheln, Steine).

3.4 *Gelegentlich* werden mit den Kindern geplante Besuche von Orten/ Personen außerhalb der Einrichtung unternommen.

Gut

5.1 *Viele* dem Entwicklungsstand der Kinder angemessene Spiele, Materialien oder Aktivitäten aus dem Bereich Naturerfahrungen/Sachwissen zugänglich.*

5.2 Diese Materialien sind an einem *wesentlichen* Teil des Tages zugänglich.*

5.3 Materialien für Naturerfahrungen/ Sachwissen sind gut organisiert und in gutem Zustand (z.B. Sammlungen werden in speziellem Behälter aufbewahrt).

5.4 Ereignisse des täglichen Lebens werden als Grundlage für Lernerfahrungen der Kinder genutzt (z.B. Gespräche über das Wetter oder den Lauf der Jahreszeiten; Beobachtung von Insekten oder Vögeln; Seifenblasen machen, Drachen steigen lassen an windigen Tagen; das Frieren und Schmelzen von Schnee beobachten).*

5.5 Ausflüge werden in das Gruppengeschehen eingebunden (z.B. Erfahrungen vor Ort werden aufbereitet und in Spielaktivitäten einbezogen).

Ausgezeichnet

7.1 Aktivitäten im Bereich Naturerfahrungen/Sachwissen, die eine intensivere Vorbereitung durch die pädagogische Fachkraft erfordern, werden *mindestens alle zwei Wochen* angeboten (z.B. angeleitetes Kochen; einfache Experimente, wie das Messen von Niederschlag; Ausflüge).

7.2 Bücher, Bilder und/oder Ton- und Bildmaterialien werden genutzt, um Informationen hinzuzufügen und die eigenen Erfahrungen der Kinder zu erweitern.

7.3 Das Einbeziehen von Orten/Personen außerhalb der Einrichtung wird *regelmäßig* für entdeckendes Lernen genutzt.

25. Naturerfahrungen/Sachwissen

Ergänzende Hinweise

Beispiele für Arten von Materialien für Naturerfahrungen/Sachwissen sind:
(1) *Sammlungen von Naturgegenständen* z.B. Steine, Insekten, Saatgut;
(2) *Pflanzen oder Tiere* zur Pflege und Beobachtung;
(3) *Bücher, Spiele oder Spielzeuge,* wie z.B. (Tier-)Memory, Bildkartenspiele zu Gegenständen und Abläufen in der Natur und
(4) *Aktivitäten wie Kochen oder einfache Experimente* z.B. mit Magneten, Lupen, Experimente mit schwimmenden und sinkenden Gegenständen.

»Sammlungen von Naturgegenständen« meint eine Anzahl ähnlicher Gegenstände, die klassifiziert werden können, z.B. eine Sammlung von Muscheln, Saatgut, Blätter oder Tannenzapfen. In jeder Sammlung muss eine ausreichende Anzahl an Gegenständen vorhanden sein, so dass die Kinder Ähnlichkeiten und/oder Unterschiede erforschen können. Die Sammlungen müssen aus natürlichen Gegenständen bestehen; Sammlungen aus Kunststoffgegenständen wie Tiere aus Plastik werden zu *Spielzeugen* gezählt. Um den Aspekt *5.2* als gegeben einzuschätzen, müssen die Sammlungen den Kindern für einen *wesentlichen Teil des Tages* zugänglich sein.

3.1 *»Einige«* meint *mindestens zwei* Materialien aus *zwei unterschiedlichen Arten* (Pflanzen zur Dekoration werden mitgezählt). Materialien, welche die Kinder eigenständig und mit offenem Ergebnis erkunden können, sind in der Regel entwicklungsangemessen für verschiedene Altersstufen und Fähigkeiten. Materialien, deren Anforderungen über die Fähigkeiten des einzelnen Kindes hinausgehen oder die die Kinder nicht ausreichend fordern, sind nicht entwicklungsangemessen. Zum Beispiel kann es für *Fünfjährige* angemessen sein, mit einem Thermometer »heiß« und »kalt« zu unterscheiden, aber nicht für unter *Dreijährige.*
3.2 Diese Materialien müssen für *mindestens 1 Stunde täglich* zugänglich sein (bei einer Betreuungszeit von *8 Stunden und mehr*; entsprechend weniger bei einer kürzeren Betreuungszeit).
5.1 *»Viele«* bedeutet ungefähr *drei bis fünf* Beispiele aus *drei* Arten von Materialien. Die Anzahl kann variieren, so lange *drei von vier* Arten vertreten sind (z.B. wenn mehr als *drei bis fünf* Beispiele einer Art und weniger als *drei bis fünf* einer anderen Art vorhanden sind). Bei der Einschätzung müssen auch das Alter und die Fähigkeiten der Kinder berücksichtigt werden.
5.2 Für die Einschätzung der Zugänglichkeit für einen *wesentlichen Teil des Tages* sind die Materialien im Innen- *und* im Außenbereich zu berücksichtigen. Um den Aspekt als gegeben einzuschätzen, muss der Aspekt *5.1* erfüllt sein. Wird die im Außenbereich verbrachte Zeit in die Einschätzung für einen *wesentlichen Teil des Tages* einbezogen, dann müssen während dieser Zeit Materialien von *mindestens zwei* Arten zugänglich sein.
5.4 Um den Aspekt als gegeben einzuschätzen, muss *ein Beispiel* beobachtet werden oder es müssen klare Hinweise gegeben sein, z.B. durch Fotos, Bilder oder Zeichnungen.
7.3 *»Regelmäßig«* bedeutet *mindestens viermal im Jahr.*

Fragen

1.2, 3.4, 5.5, 7.3 Besuchen Sie mit den Kindern Orte oder Personen außerhalb der Einrichtung? Wenn ja, wie häufig? Wie bereiten Sie diese Besuche vor? Welchen Stellenwert haben diese Besuche im Gruppengeschehen?
3.3 Bringen die Kinder Dinge aus der Natur oder Sachgegenstände mit? Wie gehen Sie damit um?
7.1 Können Sie mir einige Beispiele für Aktivitäten aus dem Themenbereich Naturerfahrungen/Sachwissen nennen, die Sie mit den Kindern unternehmen? Wie oft finden diese Aktivitäten statt?
7.2 Nutzen Sie Bücher oder andere Medien zum Themenbereich Naturerfahrungen/Sachwissen mit den Kindern? Bitte beschreiben Sie diese.

26. Mathematisches Verständnis*

Unzureichend		Minimal		Gut		Ausgezeichnet
1	2	3	4	5	6	7

Unzureichend

1.1 *Keine* Materialien zum Bereich Mathematik/Zählen zugänglich.

1.2 Vermittlung von Mathematik/Zählen erfolgt hauptsächlich über Aufsagen von Zahlenreihen und über Arbeitsblätter.*

Minimal

3.1 *Einige* dem Entwicklungsstand der Kinder angemessene Materialien zum Bereich Mathematik/Zählen zugänglich.*

3.2 Diese Materialien sind *täglich* zugänglich.*

Gut

5.1 *Viele* dem Entwicklungsstand der Kinder angemessene, verschiedenartige Materialien zugänglich (z.B. Materialien zum Zählen, Messen, Erlernen von Formen und Größen).*

5.2 Diese Materialien sind für einen *wesentlichen Teil des Tages* zugänglich.

5.3 Materialien sind gut organisiert und in gutem Zustand (z.B. alle benötigten Teile eines Spiels werden zusammen aufbewahrt; Materialien sind nach Arten sortiert).*

5.4 *Tägliche* Aktivitäten der Kinder werden als Lernerfahrungen für mathematisches Verständnis genutzt (z.B. Zählen von Geschirr beim Tischdecken; Zählen der Stufen beim Treppensteigen; Einführen von Zeiteinheiten bei Spielen).*

Ausgezeichnet

7.1 Aktivitäten zum Bereich Mathematik/Zählen, die eine intensivere Vorbereitung durch die pädagogische Fachkraft erfordern, werden *mindestens alle zwei Wochen* angeboten (z.B. Erstellen einer Messlatte, um die Größe der Kinder zu vergleichen; Zählen und Aufschreiben der Anzahl von Vögeln am Futterhaus).

7.2 Materialien werden *regelmäßig* ausgetauscht, um das Interesse der Kinder aufrechtzuerhalten (z.B. verschiedene Gegenstände zum Zählen, Wiegen oder Messen).*

26. Mathematisches Verständnis

Ergänzende Hinweise

Unterschiedliche Arten von Materialien zum mathematischen Verständnis helfen den Kindern, Erfahrungen beim
(1) *Zählen*, wie z.B. kleine Gegenstände zum Zählen, kleine Steine, Murmeln, Münzen;
(2) *Messen*, wie z.B. Lineale, Metermaß, Zollstock;
(3) *Vergleichen von Mengen*, wie z.B. Waagen, Gewichte;
(4) *Erkennen von Formen*, wie z.B. geometrische Formen, Mosaiksteine, Form(steck-)spiele, Legespiele mit Formen, zu machen und mit
(5) *Zahlen/Ziffern*, wie z.B. Zahlenpuzzles, Magnetzahlen, Zahlenspiele (z.B. Domino, Lotto, Uno) vertraut zu werden.

1.2 *»Vermittlung von Mathematik/Zählen erfolgt hauptsächlich über Aufsagen von Zahlenreihen und über Arbeitsblätter«* bedeutet, dass die Lernmöglichkeiten der Kinder zum Erwerb des mathematischen Verständnisses überwiegend aus solchen Erfahrungen bestehen.

3.1 Entwicklungsangemessene Materialien zum Bereich Mathematik/Zählen ermöglichen den Kindern, mit konkreten Gegenständen zu experimentieren, um Erfahrungen mit Mengen, Größen und Formen zu machen, die sie später in der Schule für das Addieren, Subtrahieren und das Lösen schriftlicher Rechenaufgaben benötigen. Ob ein Material oder eine Aktivität entwicklungsangemessen ist, hängt von den Fähigkeiten und Interessen der Kinder ab. Die gelegentliche Nutzung von Arbeitsblättern kann für ältere Kinder angemessen sein, wenn sie Erfahrungen mit vielen anderen, konkreten Materialien sammeln können, aber nicht für *unter dreijährige* Kinder. Für die Einschätzung sollte im gesamten Raum nach Materialien zum mathematischen Verständnis geschaut werden, da sie an unterschiedlichen Stellen aufbewahrt sein können. *»Einige«* bedeutet *mindestens zwei* verschiedene Materialien von *mindestens drei der fünf* Arten.

3.2 Um diesen Aspekt als gegeben einzuschätzen, müssen die Materialien für *mindestens 1 Stunde täglich* zugänglich sein (bei einer Betreuungszeit von *8 Stunden und mehr*; entsprechend weniger für eine kürzere Betreuungszeit).

5.1 *»Viele«* bedeutet ungefähr *drei bis fünf* Materialien von *jeder* Art. Die Anzahl kann variieren, solange *alle fünf* Arten vertreten sind (z.B. mehr als *drei bis fünf* Materialien einer Art und weniger als *drei bis fünf* Materialien einer anderen Art). Bei der Einschätzung müssen auch das Alter und die Fähigkeiten der Kinder berücksichtigt werden. Eingeschätzt werden Materialien, die offensichtlich für das mathematische Lernen gedacht sind (z.B. Puzzle mit abgestuften Größen oder verschiedenen Formen, Stecktafel mit aufgedruckten Ziffern und dazu passenden Öffnungen, Waage mit Gegenständen zum Wiegen, ineinander geschachtelte Schalen, die ein Erkennen von Größen erfordern). Wenn Materialien aus anderen Bereichen (z.B. Bausteine, Perlen zum Auffädeln, Materialien mit vielen Teilen) zum Einsatz kommen, muss beobachtet werden, dass die Materialien zum mathematischen Lernen genutzt werden.

5.3 *»Gut organisiert und in gutem Zustand«* heißt, dass etwa *75%* der zugänglichen Materialien diesem Standard entsprechen.

5.4 Die Intention dieses Aspekts ist, dass die pädagogische Fachkraft Mathematik und Zahlen in die alltäglichen Situationen des Tagesablaufs der Kinder integriert. Auf die Verwendung von Zahlen sollte geachtet werden, z.B. während der Mahlzeiten oder deren Vorbereitung; während Übergangszeiten; durch die Verwendung eines Weckers für das Sich-Abwechseln; durch Zählen, wer nicht anwesend ist etc. Bei der Einschätzung dieses Aspekts werden Spielaktivitäten, Zahlenspiele oder Computerspiele nicht berücksichtigt. Gespräche zur Unterstützung und Förderung des mathematischen Verständnisses oder Erfahrungen mit Zahlen/Zählen in Alltagssituationen sollten *mehr als einmal* beobachtet werden.

7.2 Für eine positive Einschätzung dieses Aspekts sollten *zusätzliche* Materialien *monatlich* ergänzt oder ausgetauscht werden.

Fragen

7.1 Können Sie mir einige Beispiele für mathematische Aktivitäten mit den Kindern nennen? Wie häufig finden diese statt?
7.2 Tauschen bzw. ergänzen Sie mathematische Materialien in Ihrer Gruppe/Ihrem Bereich aus? Wenn ja, wie häufig geschieht dies?

27. Nutzung von Medien*

Unzureichend		Minimal		Gut		Ausgezeichnet
1	2	3	4	5	6	7

Unzureichend (1)

1.1 Die genutzten Programme/Inhalte sind dem Entwicklungsstand der Kinder *nicht* angemessen (z.B. gewalttätige oder sexuelle Inhalte; furchterregende Personen oder Geschichten; zu schwierige Computerspiele).*

1.2 Den Kindern stehen *keine* alternativen Aktivitäten zur Verfügung, während Medien genutzt werden (z.B. alle Kinder müssen zur gleichen Zeit ein Video anschauen).

Minimal (3)

3.1 *Alle* genutzten Programme/Inhalte sind gewaltfrei und nicht diskriminierend.*

3.2 Während der Nutzung von Medien sind den Kindern alternative Aktivitäten zugänglich.

3.3 Zeiten für den Gebrauch von Medien sind begrenzt (z.B. ist die Nutzungsdauer bei einer Ganztagsbetreuung *täglich* auf ca *20 Minuten* begrenzt).*

Gut (5)

5.1 Es werden nur Materialien/Programme genutzt, die für Kinder als empfehlenswert eingestuft sind (z.B. zum Lernen anregende Fernseh-/Videosendungen und Computerspiele).

5.2 Computer wird als eine von vielen Aktivitäten, die den Kindern zur freien Auswahl stehen, genutzt.
NA möglich*

5.3 Die *meisten* Materialien regen die aktive Einbeziehung der Kinder an (z.B. Kinder tanzen/singen zu einem Video/DVD; Computerprogramme regen Kinder zum Nachdenken und Entscheiden an).

5.4 Pädagogische Fachkraft beteiligt sich aktiv an der Nutzung von Medien (z.B. schaut und spricht mit Kindern über Videos; führt im Computer- bzw. TV-Programm vorgeschlagene Aktivitäten durch; hilft Kindern, den Computer zu nutzen).

Ausgezeichnet (7)

7.1 *Einige* der Computerprogramme regen die Kreativität der Kinder an (z.B. kreative Zeichen- oder Malprogramme; Programme, welche die Entwicklung von Problemlösungsstrategien anregen).
NA möglich*

7.2 Materialien werden genutzt, um Themen und Aktivitäten in der Gruppe zu unterstützen und zu erweitern (z.B. ein Film/Video über Insekten ergänzt die Informationen zu einem entsprechenden Thema/Projekt in der Gruppe; ein geplanter Ausflug zu einem Bauernhof wird mit Film-/Videomaterial vorbereitet).

27. Nutzung von Medien

Ergänzende Hinweise

NA möglich, wenn keine Medien (weder Fernseher, Video/DVD noch ein Computer/Tablet) mit den Kindern genutzt werden.

Für die Einschätzung dieses Merkmals muss gefragt werden, ob mit den Kindern Medien genutzt werden, auch wenn sie im Gruppenraum am Tag der Einschätzung nicht zu sehen sind, da sie oft von mehreren Gruppen gemeinsam genutzt werden. Werden Medien sehr selten benutzt (*weniger als einmal pro Monat* und nur für vergleichsweise kurze Zeiträume, in denen alle Kinder auch aufmerksam und interessiert sind), wird für dieses Merkmal ebenfalls ein NA vergeben. Werden Medien selten, aber für längere zusammenhängende Zeiträume genutzt, wird das Merkmal eingeschätzt.

1.1, 3.1 Um einzuschätzen, ob die Programme gewaltfrei und nicht diskriminierend sind, müssen die Inhalte berücksichtigt werden. Nicht alle Programme wie Tierfilmproduktionen oder Zeichentrickfilme sind geeignet, auch wenn sie für Kinder produziert wurden. Videos/DVDs oder Spiele, die Kinder von zu Hause mitbringen, müssen in die Einschätzung einbezogen werden, wenn sie in der Kindergruppe genutzt werden.

3.3 Dieser Aspekt soll gewährleisten, dass die Kinder aktiv ihre Kreativität und Fantasie ausleben und Erfahrungen im konkreten Umgang mit Materialien sammeln können, anstatt zu viel Zeit mit Fernsehen oder einem Computerspiel zu verbringen. Der angegebene Zeitraum von *20 Minuten* ist eine Orientierung für die zeitliche Begrenzung und kann variieren. Bei der Einschätzung, ob die Zeiträume angemessen sind, sollte berücksichtigt werden, wie lange und wie oft jedes Kind an der Reihe ist und ob die Kinder Zeit damit verbringen, andere Kinder bei der Nutzung des Computer/Tablets zu beobachten. Im Vergleich zu anderen Aktivitäten sollte die am Computer/Tablet zugebrachte Zeit verhältnismäßig kurz sein.

5.2, 7.1 NA möglich, wenn kein Computer/Tablet mit den Kindern genutzt wird.

Fragen

Allgemein: Werden mit den Kindern Medien (bspw. Fernseher, Video/DVD oder Computer/Tablet) genutzt? Wenn ja, welche Medien, in welchem Umfang und wie häufig?

1.1, 3.1, 5.1, 7.1 Wie wählen Sie die Programme und Inhalte sowie ggf. Applikationen (Apps) aus, die mit den Kindern genutzt werden? Werden Eignungskriterien geprüft, bevor von zu Hause mitgebrachte Programme gezeigt werden?

1.2, 3.2 Sind den Kindern alternativ zur Mediennutzung andere Aktivitäten zugänglich?

3.3 Wie oft und wie lange werden die Medien mit den Kindern genutzt?

5.3 Regen diese Programme/Inhalte/Apps die aktive Einbeziehung der Kinder an? Bitte nennen Sie einige Beispiele.

7.2 Nutzen Sie die Medien in Bezug auf bestimmte Themen in der Gruppe? Wenn ja, inwiefern?

28. Kulturelle Vielfalt und Diversität*

Unzureichend		Minimal		Gut		Ausgezeichnet
1	2	3	4	5	6	7

Unzureichend (1)

1.1 *Keine* ethnische oder kulturelle Verschiedenartigkeit in den Materialien sichtbar (z.B. alle Spielzeuge und Bilder, alle Darstellungen und gedruckte Materialien beziehen sich ausschließlich auf eine Ethnie/Kultur; alle gedruckten und auditiven Materialien, Bücher, Musik-CDs sind in einer Sprache gehalten, obwohl in der Gruppe auch Kinder mit einer anderen Muttersprache betreut werden).

1.2 Materialien zeigen nur stereotype Darstellungen hinsichtlich Ethnien, Kulturen, Altersgruppen, Fähigkeiten und Geschlechtern.

1.3 Pädagogische Fachkraft drückt Vorurteile gegenüber anderen aus (z.B. gegenüber Kindern oder Erwachsenen anderer Hautfarbe oder aus anderen Kulturen; gegenüber Menschen mit Beeinträchtigungen).*

Minimal (3)

3.1 *Gewisse* ethnische und kulturelle Verschiedenartigkeit in den Materialien sichtbar (z.B. bei Puppen, Büchern, Bildern oder Musik-CDs aus verschiedenen Kulturen; Materialien in den Muttersprachen der Kinder zugänglich).*

3.2 Materialien zeigen in positiver Weise Verschiedenartigkeit von Menschen (z.B. verschiedene Ethnien, Kulturen, Altersgruppen, Fähigkeiten oder Geschlechtern).*

3.3 Pädagogische Fachkraft begegnet Vorurteilen bei Kindern oder Erwachsenen in angemessener Weise *oder* in der Gruppe sind keine Vorurteile sichtbar (z.B. sie spricht mit den Kindern über Ähnlichkeiten und Unterschiede; stellt Regeln für eine faire Umgangsweise auf).

Gut (5)

5.1 *Viele* Bücher, Bilder und Materialien zugänglich, die Menschen verschiedener Ethnien, Kulturen, Altersgruppen, Fähigkeiten und Geschlecht in nicht-stereotyper Weise darstellen (z.B. Darstellungen aus der Vergangenheit und Gegenwart; Darstellungen verschiedener Tätigkeiten und Berufe zeigen Männer und Frauen sowohl in traditionellen als auch nichttraditionellen Rollen).*

5.2 Requisiten aus verschiedenen Kulturen werden ins Rollenspiel einbezogen (z.B. Puppen, Kleidungsstücke, Stoffe, Koch- und Essensutensilien verschiedener Ethnien und Kulturen).*

Ausgezeichnet (7)

7.1 Einbeziehung von kultureller Vielfalt und Diversität ist Teil täglicher Abläufe und Spielaktivitäten (z.B. Gerichte aus anderen Kulturen sind regulärer Teil der Mahlzeiten; Musik und Lieder aus verschiedenen Kulturen werden regelmäßig bei musikalischen Aktivitäten einbezogen).

7.2 Geplante Aktivitäten, welche die kulturelle Vielfalt und Diversität fördern (z.B. Eltern werden angeregt, die Kinder der Gruppe mit Gebräuchen der Familie bekannt zu machen; einige Feiern und Feiertage aus anderen Kulturen werden berücksichtigt).

28. Kulturelle Vielfalt und Diversität

Ergänzende Hinweise

Für die Einschätzung von kultureller Vielfalt und Diversität sind alle Bereiche und Materialien, die von Kindern genutzt werden, zu berücksichtigen, einschließlich ausgestellter Bilder und Fotos, Bücher, Puzzles, Spiele, Puppen, Spielfiguren in der Bauecke, Handpuppen, Musik-CDs, Videos/DVDs und Computerprogramme. Die Kategorien *kultureller Vielfalt und Diversität* beinhalten Materialien und/oder Aktivitäten zu verschiedenen (1) Ethnien, (2) Kulturen, (3) Altersgruppen, (4) Fähigkeiten und (5) Geschlechtern.

1.3 Den Aspekt nur dann mit *Ja* einschätzen, wenn offensichtliche, beabsichtigte und wiederholte Vorurteile zum Ausdruck gebracht werden. Der Aspekt wird mit *Nein* eingeschätzt, wenn nur *ein einzelnes Beispiel* an »politisch nicht korrektem«, »nicht kultursensitivem« oder diskriminierendem Verhalten oder Äußerungen beobachtet wird.

3.1 *»Eine gewisse ethnische und kulturelle Verschiedenartigkeit«* bedeutet, dass *mindestens ein* Beispiel für ethnische Verschiedenartigkeit *und ein* Beispiel für kulturelle Verschiedenartigkeit im Gruppenraum vorhanden und gut sichtbar für die Kinder sind.

3.2 Bei einer negativen Stereotypisierung oder Gewalt hinsichtlich einer Gruppe von Menschen, wird der Aspekt als nicht gegeben eingeschätzt. Die Gleichwertigkeit von Geschlechtern, Altersgruppen, Fähigkeiten, Ethnien oder Kulturzugehörigkeit sollte beachtet werden. Eine Gleichberechtigung hinsichtlich der Geschlechter sollte hier ebenso berücksichtigt werden. Darstellungen von Männern/Jungen, die traditionell männliche Aktivitäten ausüben, und von Frauen/Mädchen, die traditionell weibliche Aktivitäten ausüben, sind akzeptabel. Es sollte auf Dinge geachtet werden, die für die Kinder leicht erkennbar sind; es sollte nicht nach negativen Beispielen gesucht werden. Werden historisch-kulturelle Traditionen präsentiert, muss ein Ausgleich geschaffen werden mit Darstellungen moderner kultureller Traditionen. Werden z.B. traditionelle afrikanische Stämme präsentiert, muss es Darstellungen geben, die modernes afrikanisches Leben zeigen.

5.1 Um den Aspekt als gegeben einzuschätzen, sind viele Bücher, viele Bilder und viele Materialien erforderlich und es müssen alle aufgeführten Kategorien *kultureller Vielfalt und Diversität* in gewissem Maße vertreten sein. Jedoch sind nicht viele Beispiele/Materialien aus *jeder* der Kategorien erforderlich. Die Materialien müssen in den Räumen vorhanden sein, in denen sich die Kinder an einem *wesentlichen Teil des Tages* aufhalten. Materialien in kurzzeitig genutzten Räumen (z.B. Flure, Eingangsbereich, Essensraum, Frühdienstraum) werden bei der Einschätzung dieses Aspektes nicht berücksichtigt.

5.2 Für eine positive Einschätzung müssen *mehr als zwei* Beispiele beobachtet werden, die im Innen- oder im Außenbereich für die Kinder zugänglich und erkennbar sind. Beispiele sind: verschiedene Arten von Puppen, Handpuppen und Spielfiguren in der Bauecke oder im Rollenspielbereich; Verkleidungssachen, Lebensmittel, Essens- und Kochutensilien aus unterschiedlichen Kulturen.

Fragen

7.2 Planen Sie Aktivitäten, die den Kindern dabei helfen, Verständnis für die Verschiedenartigkeit von Menschen in unserem Land und auf der Welt zu entwickeln? Bitte nennen Sie Beispiele.

29. Beaufsichtigung und Begleitung bei Bewegungsaktivitäten*

Unzureichend		Minimal		Gut		Ausgezeichnet
1	2	3	4	5	6	7

Unzureichend

1.1 *Unzureichende* Beaufsichtigung in Bereichen für Bewegungsaktivitäten, welche die Gesundheit und Sicherheit der Kinder *nicht* gewährleistet (z.B. Kinder sind unbeaufsichtigt, auch wenn es nur für eine kurze Zeit ist; nicht genügend pädagogische Fachkräfte, um die Kinder in diesen Bereichen zu beaufsichtigen; pädagogische Fachkräfte sind den Kindern gegenüber unaufmerksam).*

1.2 *Die meisten* pädagogische Fachkraft-Kind-Interaktionen sind negativ gefärbt (z.B. pädagogische Fachkraft erscheint verärgert; es herrscht eine strafende und übermäßig kontrollierende Atmosphäre).*

Minimal

3.1 *Ausreichende* Beaufsichtigung, welche die Gesundheit und Sicherheit der Kinder gewährleistet (z.B. genügend pädagogische Fachkräfte anwesend, um die Kinder in diesen Bereichen zu beaufsichtigen; pädagogische Fachkräfte positionieren sich so, dass sie den gesamten Bereich überblicken können; pädagogische Fachkräfte gehen umher, wenn es erforderlich ist; sie greifen ein, wenn Probleme auftreten).

3.2 *Einige* positive pädagogische Fachkraft-Kind-Interaktionen (z.B. pädagogische Fachkraft tröstet ein Kind, wenn es aufgebracht oder verletzt ist; sie zeigt Anerkennung bei neuen Fertigkeiten; spricht in angenehmen Ton).*

Gut

5.1 Pädagogische Fachkraft beugt gefährlichen Situationen vor (z.B. sie räumt kaputtes Spielzeug oder andere Gefahrenquellen beiseite, bevor Kinder damit in Berührung kommen; sie unterbricht grobe Spiele, bevor sich Kinder verletzen).

5.2 *Die meisten* pädagogische Fachkraft-Kind-Interaktionen sind angenehm und unterstützend.*

5.3 Pädagogische Fachkraft hilft Kindern, Fertigkeiten zu entwickeln, die sie zur Nutzung der Ausstattungsgegenstände/Spielgeräte brauchen (z.B. sie hilft den Kindern zu lernen, wie man auf der Schaukel Schwung holt; sie hilft Kindern mit erhöhtem Förderbedarf, unterstützende Pedale am Dreirad zu nutzen).

Ausgezeichnet

7.1 Pädagogische Fachkraft unterhält sich mit den Kindern über ihre Spielideen (z.B. sie führt Begriffe ein, wie nah/fern, schnell/langsam bei jüngeren Kindern; sie regt die Kinder an, etwas über ihr Bauvorhaben oder Rollenspiel zu erzählen).

7.2 Pädagogische Fachkraft unterstützt, um das Spiel der Kinder zu bereichern (z.B. hilft sie, eine Hindernisstrecke zum Dreiradfahren aufzubauen).

7.3 Pädagogische Fachkraft hilft den Kindern, positive soziale Interaktionen zu entwickeln (z.B. hilft sie den Kindern, sich an einem beliebten Spielgerät abzuwechseln; stellt Ausstattungsgegenstände/Spielgeräte zur Verfügung, welche die Kooperation zwischen den Kindern fördern, wie eine Schiff-/Balkenschaukel für zwei Kinder, Wippen).

29. Beaufsichtigung und Begleitung bei Bewegungsaktivitäten

Ergänzende Hinweise

Zur Einschätzung dieses Merkmals sind *alle* pädagogischen Fachkräfte, die Bewegungsaktivitäten beaufsichtigen, sowie *alle* Kinder mit ähnlichem Alter oder ähnlichen Fähigkeiten, wie die der beobachteten Gruppe, zu berücksichtigen. Es muss darauf geachtet werden, ob die Bereiche/Aktivitäten mit dem größten Gefahrenpotential von den pädagogischen Fachkräften angemessen beaufsichtigt werden.

Bei der Einschätzung dieses Merkmals sind auch die Hinweise zu Merkmal 14 »*Sicherheit*« und Merkmal 36 »*Freispiel*« zu beachten.

1.1 Kinder müssen bei Bewegungsaktivitäten *immer* von den pädagogischen Fachkräften beaufsichtigt werden.
1.2 »*Die meisten*« bedeutet *mehr als 50%* aller verbalen oder nonverbalen Interaktionen während der Bewegungsaktivitäten.
3.2 »*Einige*« bedeutet, dass *die meisten* Interaktionen entweder neutral oder positiv sind; *mindestens zwei* positive Ereignisse müssen beobachtet werden. Für eine positive Einschätzung dürfen die *meisten* Interaktionen nicht negativ sein.
5.2 »*Die meisten*« bedeutet, *überwiegend* positive verbale und nonverbale Interaktionen können beobachtet werden. *Eine oder zwei* leicht negative Interaktionen dürfen vorkommen, jedoch nicht extrem negative.

Fragen

Allgemein: Können Sie beschreiben, wie die Kinder während der Bewegungsaktivitäten und dem Spiel im Freien beaufsichtigt werden?

5.3 Was passiert, wenn Kinder Schwierigkeiten haben, ein Gerät zu nutzen?

30. Allgemeine Beaufsichtigung und Begleitung*

Unzureichend		Minimal		Gut		Ausgezeichnet
1	2	3	4	5	6	7

Unzureichend

1.1 *Unzureichende* Beaufsichtigung der Kinder (z.B. pädagogische Fachkraft lässt die Kinder unbeaufsichtigt; die Sicherheit der Kinder ist nicht gewährleistet; pädagogische Fachkraft richtet ihre Aufmerksamkeit hauptsächlich auf andere Aufgaben).

1.2 Beaufsichtigung und Begleitung ist oft strafend oder *übermäßig* kontrollierend (z.B. pädagogische Fachkraft schreit, maßregelt die Kinder, sagt immer wieder »nein«).*

Minimal

3.1 *Ausreichende* Beaufsichtigung, welche die Sicherheit der Kinder gewährleistet.

3.2 Pädagogische Fachkraft achtet auf Sauberkeit und verhindert ungeeignete Verwendung von Materialien (z.B. schmutzige Tische werden nach Naturexperimenten gereinigt; Kinder werden davon abgehalten, schädliche Substanzen zu sich zu nehmen).

3.3 Beaufsichtigung und Begleitung ist nicht strafend *und* Kontrolle wird in einer angemessenen Art und Weise ausgeübt.*

Gut

5.1 *Sorgfältige* Beaufsichtigung *aller* Kinder, die den Alters- und Entwicklungsunterschieden angemessen ist (z.B. jüngere bzw. impulsivere Kinder werden intensiver beaufsichtigt).

5.2 Pädagogische Fachkraft gibt den Kindern bei Bedarf Unterstützung und Anregung (z.B. hilft sie, dass ein umherwanderndes Kind ins Spiel einbezogen wird; hilft einem Kind, ein Puzzle zu vollenden).

5.3 Pädagogische Fachkraft zeigt Aufmerksamkeit gegenüber der ganzen Gruppe, auch wenn sie sich mit einzelnen Kindern oder einer kleinen Gruppe beschäftigt (z.B. sie überblickt häufig den Raum, wenn sie mit einem Kind arbeitet; wenn bestimmte Bereiche nicht überschaubar sind, werden sie von anderen pädagogischen Fachkräften beaufsichtigt).

5.4 Pädagogische Fachkraft zeigt Anerkennung für die Bemühungen und Fähigkeiten der Kinder.

Ausgezeichnet

7.1 Pädagogische Fachkraft spricht mit den Kindern über ihre Spielideen, stellt Fragen und ergänzt Informationen, um das Denken der Kinder zu erweitern.

7.2 Balance zwischen den Bedürfnissen der Kinder nach selbstständigem Erkunden und Lernanregungen durch die pädagogische Fachkraft wird gewahrt (z.B. darf ein Kind eine Malarbeit beenden, bevor es angeregt wird, darüber zu erzählen; ein Kind darf herausfinden, dass ein Bauwerk umfällt, wenn es das Gleichgewicht verliert).

30. Allgemeine Beaufsichtigung und Begleitung

Ergänzende Hinweise

Die Einschätzung dieses Merkmal basiert darauf, was *insgesamt* während der Beobachtung von Spielaktivitäten zu sehen ist. Es sollte keine Einschätzung vorgenommen werden, bis die Beaufsichtigung in vielen unterschiedlichen Situationen beobachtet wurde, einschließlich ruhigeren und stressigeren Situationen.
Bei der Einschätzung dieses Merkmals sind auch die Hinweise zu Merkmal 14 *»Sicherheit«* und Merkmal 36 *»Freispiel« zu beachten.* Die Beaufsichtigung bei Routinen wird bei den Merkmalen 11 *»Ruhe- und Schlafzeiten«* und 12 *»Toiletten/Wickeln«* eingeschätzt.

1.2, 3.3 *»Beaufsichtigung und Begleitung ist oft strafend«* bzw. *»Beaufsichtigung und Begleitung ist nicht strafend«* bezieht sich auf den *überwiegenden Teil (mehr als 50%)* der beobachteten Beaufsichtigung.

V. Interaktionen

31. Verhaltensregeln/Disziplin

Unzureichend		Minimal		Gut		Ausgezeichnet
1	2	3	4	5	6	7

Unzureichend

1.1 Kinder werden mit strengen Methoden kontrolliert (z.B. körperliche Strafen, Anschreien, Kinder für längere Zeit einsperren oder Vorenthalten von Essen).

1.2 Disziplin ist gering, da es *kaum* Ordnung oder Kontrolle gibt.

1.3 Erwartungen an das Verhalten sind *größtenteils* dem Alter und dem Entwicklungsstand der Kinder unangemessen (z.B. müssen alle Kinder während der Mahlzeit still sein; Kinder müssen über eine längere Zeit still warten).

Minimal

3.1 Pädagogische Fachkraft wendet *keine* körperlichen Strafen oder strengen Methoden an.

3.2 Pädagogische Fachkraft hat gewöhnlich *genug* Überblick, um zu verhindern, dass die Kinder einander wehtun.

3.3 Die Erwartungen an das Verhalten sind *größtenteils* dem Alter und dem Entwicklungsstand der Kinder angemessen.

Gut

5.1 Pädagogische Fachkraft nutzt *in den meisten Fällen* erfolgreich nicht-strafende Methoden zur Einhaltung der Verhaltensregeln (z.B. sie beachtet positives Verhalten; lenkt ein Kind von einer inakzeptablen zu einer alternativen und akzeptablen Aktivität).

5.2 Die pädagogische Fachkraft beugt *in den meisten Fällen* Konflikten vor und fördert altersangemessene Interaktionen (z.B. Spielzeuge sind mehrfach vorhanden; Kinder mit Lieblingsspielzeug bekommen einen geschützten Platz zum Spielen).

5.3 Pädagogische Fachkräfte reagieren *in den meisten Fällen* konsistent/konsequent auf das Verhalten der Kinder (z.B. verschiedene pädagogische Fachkräfte wenden die gleichen Regeln und Methoden an; grundlegende Regeln gelten für alle Kinder; pädagogische Fachkraft reagiert in ähnlichen Situationen in ähnlicher Weise).*

Ausgezeichnet

7.1 Pädagogische Fachkraft bezieht die Kinder aktiv in die Lösung ihrer Konflikte und Probleme ein (z.B. hilft sie Kindern, über ihre Probleme zu sprechen und über Lösungen nachzudenken; sensibilisiert Kinder, mit anderen mitzufühlen).

7.2 Pädagogische Fachkraft nutzt Aktivitäten, um Kindern zu helfen, soziale Situationen zu verstehen (z.B. sie nutzt Kinderbücher und Gruppendiskussionen mit Kindern, um gemeinsame Konflikte durchzusprechen).*

7.3 Pädagogische Fachkraft berät sich bei Verhaltensproblemen mit anderen Fachkräften.*

31. Verhaltensregeln/Disziplin

Ergänzende Hinweise

5.3 Pädagogische Fachkräfte müssen sich im Allgemeinen einig darüber sein, wie sie mit unterschiedlichen Situationen und Kindern umgehen. Das bedeutet nicht, dass es *keine* Flexibilität geben darf. Allgemeine Regeln für positive Interaktionen in einer Gruppe, wie *nicht schlagen* oder *andere verletzen*, auf *andere Personen und Materialien Rücksicht nehmen*, sollten von allen befolgt werden. In Integrationsgruppen können spezielle Maßnahmen erforderlich sein, um einem Kind mit erhöhtem Förderbedarf zu helfen, die allgemeinen Gruppenregeln einzuhalten.

7.2 Diese Aktivitäten müssen *mindestens einmal pro Woche* stattfinden.

7.3 *»(...) mit anderen Fachkräften«* sind Personen außerhalb der Einrichtung gemeint, die für das betreffende Gebiet spezialisiert sind. Die pädagogischen Fachkräfte in der Einrichtung können hinsichtlich eines Kindes mit Schwierigkeiten vom Blickwinkel einer neutralen, außenstehenden Person profitieren. In einigen Fällen kann jedoch auch ein Mitglied des Teams der Einrichtung als *»andere Fachkraft«* gelten, wenn die betreffende Person über eine Spezialisierung auf dem Gebiet verfügt und eine unvoreingenommene Perspektive einnehmen kann.

Fragen

1.1 Gibt es Situationen, in denen Sie es notwendig finden, strenge Methoden zur Einhaltung von Verhaltensregeln anzuwenden? Wenn ja: Bitte beschreiben Sie diese Situationen und welche Methoden Sie anwenden.

7.2 Nutzen Sie Aktivitäten, um die Kinder zu unterstützen, mit sozialen Situationen umzugehen? Wenn ja, welche und wie oft finden diese statt?

7.3 Was tun Sie, wenn Sie ein Kind mit sehr schwierigem Verhalten in der Gruppe betreuen?

V. Interaktionen

32. Pädagogische Fachkraft-Kind-Interaktion*

Unzureichend		Minimal		Gut		Ausgezeichnet
1	2	3	4	5	6	7

Unzureichend (1)

1.1 Pädagogische Fachkraft ist unaufmerksam oder *nicht* in Kontakt mit Kindern (z.B. sie ignoriert Kinder; sie wirkt distanziert, desinteressiert oder teilnahmslos).

1.2 Interaktionen sind unangenehm (z.B. die Stimmen klingen angespannt und gereizt).*

1.3 Körperkontakt wird *hauptsächlich* zur Kontrolle genutzt oder ist unangemessen (z.B. um die Kinder zur Eile anzutreiben; unerwünschtes Umarmen oder Kitzeln).

Minimal (3)

3.1 Pädagogische Fachkraft reagiert *meistens* in einer freundlichen, unterstützenden Art und Weise auf die Kinder (z.B. pädagogische Fachkraft und Kinder wirken entspannt; heitere Stimmen, häufiges Lächeln).

3.2 Wenn überhaupt, dann nur *wenige* unangenehme Interaktionen.

Gut (5)

5.1 Pädagogische Fachkraft hat *in den meisten Fällen* angemessenen Körperkontakt (z.B. erwidert eine Umarmung des Kindes).

5.2 Pädagogische Fachkraft zeigt *in den meisten Fällen* den Kindern gegenüber Respekt (z.B. sie hört aufmerksam zu; stellt Blickkontakt her; behandelt Kinder fair, macht keine Unterschiede).

5.3 Pädagogische Fachkraft reagiert *in den meisten Fällen* anteilnehmend, um Kindern zu helfen, die aufgebracht, verletzt oder wütend sind.*

5.4 Verbale und nonverbale Botschaften der pädagogischen Fachkraft sind in sich stimmig (z.B. Mimik und Gestik stimmen mit den Inhalten ihrer Aussagen überein).

5.5 Durch Mimik, Gestik und Köpersprache zeigt die pädagogische Fachkraft Interesse und Anerkennung für die Bemühungen und Fähigkeiten der Kinder.

Ausgezeichnet (7)

7.1 Pädagogische Fachkraft scheint Freude daran zu haben, mit den Kindern zusammen zu sein.

7.2 Pädagogische Fachkraft fördert die Entwicklung gegenseitigen Respekts zwischen Kindern und Erwachsenen (z.B. sie wartet mit ihrer Antwort so lange, bis die Kinder ihre Fragen zu Ende formuliert haben; sie regt Kinder in höflicher Art an, zuzuhören, wenn Erwachsene sprechen).

32. Pädagogische Fachkraft-Kind-Interaktion

Ergänzende Hinweise

Die verschiedenen Qualitätsaspekte dieses Merkmals treffen im Allgemeinen auf verschiedene Kulturen und Individuen zu, obwohl es Unterschiede geben kann, wie sie erreicht werden. So ist z.B. direkter Blickkontakt in manchen Kulturen Ausdruck für Respekt, in anderen eher nicht. Genauso lächeln manche Personen mehr bzw. sind ausdrucksvoller als andere. Die Anforderungen für die Qualitätsaspekte müssen jedoch trotz solcher Unterschiede grundsätzlich erfüllt werden, obwohl es Unterschiede in der Art und Weise geben kann, wie dies geschieht.

1.2 Dieser Aspekt wird mit *Ja* eingeschätzt, wenn im Verlauf der gesamten Beobachtung oder während eines Abschnitts der Beobachtung *viele* unerfreuliche Interaktionen beobachtet werden. Wenn nur *eine oder zwei* kurze unfreundliche oder unangenehme Situationen beobachtet werden und die *meisten* Interaktionen neutraler oder positiver Natur sind, so wird der Aspekt mit *Nein* eingeschätzt.

5.3 *»Pädagogische Fachkraft reagiert in den meisten Fällen anteilnehmend (...)«* bedeutet, dass die pädagogische Fachkraft die Gefühle eines Kindes wahrnimmt und respektiert, auch wenn das Kind Emotionen zeigt, die oft als nicht akzeptabel erachtet werden, wie Wut oder Ungeduld. Diese Art von Gefühlen sollte akzeptiert, jedoch unangemessene Verhaltensweisen, wie Schlagen oder Werfen mit Gegenständen, nicht akzeptiert werden. Eine anteilnehmende Reaktion sollte *in den meisten Fällen*, nicht notwendigerweise in allen, erfolgen. Wenn Kinder dazu in der Lage sind, kleinere Probleme selbstständig zu lösen, ist das Eingreifen einer pädagogischen Fachkraft nicht erforderlich. Während der Beobachtung muss ein umfassender Eindruck von den Reaktionen der pädagogischen Fachkraft gewonnen werden. Wenn geringfügige Probleme bestehen bleiben und die pädagogische Fachkraft diese ignoriert oder in einer nicht anteilnehmenden Art und Weise darauf reagiert, wird dieser Aspekt als nicht gegeben eingeschätzt.

V. Interaktionen

33. Kind-Kind-Interaktion

Unzureichend		Minimal		Gut		Ausgezeichnet
1	2	3	4	5	6	7

1.1 Interaktionen zwischen den Kindern werden nicht gefördert oder nicht zugelassen (z.B. Kinder werden davon abgehalten, sich miteinander zu unterhalten; wenige Möglichkeiten für Kinder, ihre Spielkameraden auszuwählen).

1.2 Pädagogische Fachkraft gibt *nur geringe oder keine* Anleitung für positive Interaktionen zwischen den Kindern.

1.3 *Geringe oder keine* positiven Interaktionen zwischen den Kindern (z.B. Hänseln, Ärgern, Zanken, Schlagen sind üblich).

3.1 Interaktionen zwischen den Kindern werden unterstützt (z.B. Kinder dürfen sich frei bewegen, so dass sich natürliche Gruppen bilden und Interaktionen stattfinden können).

3.2 Pädagogische Fachkraft unterbricht negative und verletzende Interaktionen zwischen den Kindern (z.B. sie unterbricht das Rufen von Schimpfworten, Schlagen).

3.3 *Einige* positive Interaktionen finden zwischen den Kindern statt.

5.1 Pädagogische Fachkraft ist Vorbild für positives soziales Verhalten (z.B. sie ist freundlich zu anderen, hört zu, ist einfühlsam, kooperativ).

5.2 Pädagogische Fachkraft hilft den Kindern, angemessenes soziales Verhalten gegenüber anderen Kindern zu entwickeln (z.B. sie hilft den Kindern, über Konflikte zu sprechen, anstatt sich zu schlagen; sie regt sozial wenig integrierte Kinder an, Freunde zu finden; hilft den Kindern, Gefühle anderer zu verstehen).

7.1 Interaktionen zwischen Kindern sind *meistens* positiv (z.B. ältere Kinder arbeiten oft zusammen und teilen; Kinder spielen meistens gut zusammen, ohne sich zu schlagen).

7.2 Pädagogische Fachkraft schafft *einige* Möglichkeiten für Kinder, zusammenzuarbeiten, um eine Aufgabe zu vollenden (z.B. eine Gruppe von Kindern arbeitet zusammen, um eine lange Papierwand mit vielen Zeichnungen auszugestalten; sie bereiten eine Mahlzeit mit vielen Zutaten zu; stellen zusammen Stühle an einen Tisch).

33. Kind-Kind-Interaktion

Fragen

7.2 Gibt es Aktivitäten, die Sie nutzen, um die Kinder zum gemeinsamen Arbeiten anzuregen? Können Sie einige Beispiele nennen?

34. Autonomie/Selbstständigkeit*

Unzureichend		Minimal		Gut		Ausgezeichnet
1	2	3	4	5	6	7

1.1 *Alle* potenziell *»gefährlichen«* Gegenstände oder Aktivitäten sind für die Kinder verboten (z.B. Umgang mit Messern, Scheren, Werkzeugen).*

1.2 Pädagogische Fachkraft bietet den Kindern keinerlei Raum zum Ausprobieren und Erkunden ihrer Autonomie/Selbstständigkeit.

1.3 Pädagogische Fachkraft verbietet Kindern *alle* Aktivitäten, die mit Risiken einhergehen.

1.4 *Kein* Kind darf alleine den Raum verlassen (z.B. um alleine auf die Toilette zu gehen).

3.1 Erfahrungen mit potenziell *»gefährlichen«* Gegenständen sind *ausschließlich* unter Beteiligung der pädagogischen Fachkraft möglich.*

3.2 Pädagogische Fachkraft ermöglicht den Kindern *gewissen* Raum zum Ausprobieren ihrer Fertigkeiten (z.B. Klettern, Rad fahren).

3.3 Pädagogische Fachkraft erlaubt den Kindern Aktivitäten, die mit *gewissen* Risiken einhergehen, kontrolliert diese aber sehr stark.

5.1 Die Kinder können im Rahmen verbindlicher und altersgerechter Regeln *»gefährliche«* Gegenstände selbstständig nutzen (z.B. Regeln im Umgang mit Scheren und Messern).*

5.2 Pädagogische Fachkraft stellt eine entwicklungsangemessene Umgebung bereit, welche die Autonomie/Selbstständigkeit der Kinder unterstützt und in der sie Herausforderungen eigenständig meistern können.*

5.3 Pädagogische Fachkraft weiß, wo sich die Kinder aufhalten und womit sie sich befassen, ohne sie ständig im Blick zu haben.*

7.1 Die Kinder werden auf den kompetenten Umgang mit *»gefährlichen«* Gegenständen und Aktivitäten so vorbereitet, dass ihre Autonomie/Selbstständigkeit systematisch größer wird (z.B. durch Werkstatt-Pass).

7.2 Pädagogische Fachkraft bietet Kindern individuelle Herausforderungen zur Entwicklung ihrer Autonomie/Selbstständigkeit (z.B. Üben von Verhaltensregeln im Straßenverkehr; Übernahme von Verantwortung für Aufgaben in der Gruppe/Kindertageseinrichtung; eigenständige Nutzung von Klettergeräten).

7.3 Pädagogische Fachkraft fördert die Selbstkontrolle der Kinder (z.B. stellt eine Uhr für Zeitabsprachen zur Verfügung; Regeln für die Nutzung von Geräten, Materialien und Werkzeugen).

34. Autonomie/Selbstständigkeit

Ergänzende Hinweise

Die Kindertageseinrichtung hat die Aufgabe, die Sicherheit und das Wohlergehen der Kinder zu gewährleisten, durch das Schaffen einer sicheren Umgebung und angemessener Aufsicht. Die Kindertageseinrichtung hat auch die Aufgabe, die Kinder darin zu unterstützen zu lernen, ihre Fähigkeiten und die Risiken der Umgebung angemessen einzuschätzen. Zur Sicherheit von Kindern gehört es deshalb auch, dass sie in einem geschützten Rahmen Erfahrungen mit potenziell *»gefährlichen«* Gegenständen und Aktivitäten sammeln können. Bei diesem Merkmal geht es um die Balance zwischen Sicherheit und Autonomie/Selbstständigkeit der Kinder, Dinge zu erkunden und neue Erfahrungen zu sammeln.

Autonomie/Selbstständigkeit bezieht sich auf die Möglichkeiten des Kindes, in allen wesentlichen Bereichen des Kitalebens, einschließlich potenziell *»gefährlichen Situationen«*, möglichst eigenverantwortlich zu handeln. Bereiche und Situationen können unter anderem sein: Bewegungsaktivitäten, Umgang mit Werkzeugen (Küche, Garten, Werkraum), Herausforderungen im Bereich der eigenen Körperpflege und Herausforderungen, in denen keine Sicht- oder Hörweite zur pädagogischen Fachkraft besteht.

1.1, 3.1, 5.1, 7.1 *»Gefährliche Gegenstände«* sind z.B.: Werkzeuge wie Hammer, Nägel, Messer, Scheren; Klebepistolen, Feuerzeuge, Bügeleisen, anspruchsvolle Klettergerüste, Bäume, weitschwingende Schaukeln. *»Gefährliche Aktivitäten«* sind z.B.: Kletterspiele, Fahrspiele, Fahrrad fahren, Aktivitäten in Bewegungsbaustellen.

5.2 Hiermit sind entwicklungsangemessene Herausforderungen gemeint, z.B. im Bereich der Körperpflege, oder Kinder übernehmen kleinere Aufträge für die Gruppe/pädagogische Fachkraft.

5.3 Die pädagogische Fachkraft weiß bei aller Selbstständigkeit der Kinder über ihren Aufenthalt und ihre Aktivitäten Bescheid. Dies kann z.B. über ein funktionierendes Stecktafelsystem erfolgen.

Fragen

Allgemein: *Falls keine entsprechenden Situationen beobachtet werden konnten, sollte die pädagogische Fachkraft gefragt werden:* Wie gehen Sie mit *»gefährlichen«* Gegenständen oder Aktivitäten um?

5.1 Gibt es Regeln für die Nutzung *»gefährlicher Gegenstände«*, z.B. mit Werkzeugen?

35. Tagesablauf

Unzureichend		Minimal		Gut		Ausgezeichnet
1	2	3	4	5	6	7

Unzureichend (1)

1.1 Der Tagesablauf ist entweder zu starr und lässt *keine* Zeit für individuelle Interessen oder ist zu flexibel (chaotisch) und es fehlt eine verlässliche Abfolge von täglichen Ereignissen.*

1.2 *Keine* Möglichkeiten für die Kinder im Tagesablauf, über die Art und Dauer ihrer Spielaktivitäten selbst zu entscheiden.

Minimal (3)

3.1 Es gibt einen grundlegenden Tagesablauf, der den Kindern bekannt ist (z.B. Routinen und Aktivitäten finden an den meisten Tagen etwa in der gleichen Abfolge statt).

3.2 Es findet *täglich mindestens eine* Spielphase *sowohl* drinnen *als auch* draußen statt (soweit das Wetter es zulässt).*

3.3 *Täglich* gibt es *sowohl* Bewegungsaktivitäten *als auch* ruhigere Spielphasen.

3.4 *Gewisse* Möglichkeiten für die Kinder im Tagesablauf, über die Art und Dauer ihrer Spielaktivitäten selbst zu entscheiden.

Gut (5)

5.1 Der Tagesablauf schafft eine Balance zwischen fester Struktur und Flexibilität (z.B. die regulär festgelegte Zeit für das Spiel im Freien kann bei schönem Wetter verlängert werden).

5.2 *Täglich* gibt es eine *Vielfalt* an Spielaktivitäten, einige von der pädagogischen Fachkraft angeleitete und einige von den Kindern initiierte.

5.3 Ein *wesentlicher Teil des Tages* wird für Spielaktivitäten genutzt.

5.4 Es gibt *keine* langen Wartezeiten beim Übergang von einer Aktivität zur anderen.*

5.5 Die Kinder können an einem *wesentlichen Teil des Tages* ihre Aktivitäten selbst bestimmen (z.B. was, wo, mit wem und wie lange).

Ausgezeichnet (7)

7.1 *Fließende* Übergänge zwischen täglichen Ereignissen (z.B. Material steht für die nächste Aktivität bereit, bevor die gerade laufende Aktivität beendet ist; Kinder wechseln Aktivitäten individuell oder in kleinen Gruppen).

7.2 Der Tagesablauf wird variiert, um die individuellen Bedürfnisse zu berücksichtigen (z.B. kürzere Erzählzeit für ein Kind mit einer geringeren Aufmerksamkeitsspanne; ein Kind kann seine begonnene Aktivität beenden, auch wenn das länger dauert als ursprünglich eingeplant; ein langsam essendes Kind darf nach seinem Tempo die Mahlzeit beenden).

35. Tagesablauf

Ergänzende Hinweise

1.1 Eine *»(...) verlässliche Abfolge von täglichen Ereignissen«* bezieht sich auf die Zeiten für Spielaktivitäten drinnen und draußen, auf Routinen, wie Mahlzeiten und Zwischenmahlzeiten, Ruhe- und Schlafzeiten und Begrüßung und Verabschiedung.

3.2 Die Spielphasen im Innen- wie auch im Außenbereich müssen einen Zeitumfang von jeweils *mindestens 1 Stunde* haben (bei Betreuungszeiten von *8 Stunden oder mehr*; entsprechend weniger für eine kürzere Betreuungszeit).

5.4 *»Lange Wartezeiten«* bedeutet Warten ohne irgendeine Aktivität über eine längere Zeit zwischen täglichen Ereignissen (z.B. zielloses Herumlaufen; die ganze Gruppe sitzt am Tisch und wartet auf das Mittagessen; in der Schlange stehen, um nach draußen oder zum Waschraum zu gehen). Dieser Aspekt bezieht sich nur auf die Wartezeiten im Übergang von einer Aktivität zur nächsten und nicht auf Wartezeiten innerhalb einer Aktivität.

Fragen

3.3 Welche Aktivitäten sind bei schlechtem Wetter vorgesehen?

36. Freispiel*

Unzureichend		Minimal		Gut		Ausgezeichnet
1	2	3	4	5	6	7
1.1 *Entweder* gibt es wenige Möglichkeiten für Freispiel oder der größte Teil des Tages wird in unbeaufsichtigtem Freispiel verbracht. 1.2 Spielzeug, Spiele und Ausstattung sind für das Freispiel der Kinder ungeeignet.		3.1 *Gewisse* Möglichkeiten für das Freispiel bestehen *täglich* drinnen *und* draußen, soweit das Wetter es zulässt.* 3.2 Beaufsichtigung ist darauf ausgerichtet, die Gesundheit und Sicherheit der Kinder zu gewährleisten.* 3.3 *Einige* Spielzeuge, Spiele und Ausstattung sind den Kindern für das Freispiel zugänglich.		5.1 Freispiel findet an einem *wesentlichen Teil des Tages* statt, *sowohl* drinnen *als auch* draußen (z.B. mehrere Zeitabschnitte für das Freispiel sind im Tagesablauf *täglich* vorgesehen). 5.2 Beaufsichtigung und Unterstützung sind darauf gerichtet, das Spiel der Kinder zu unterstützen (z.B. pädagogische Fachkraft hilft den Kindern, die Materialien zu bekommen, die sie für ihr Spiel brauchen; sie hilft den Kindern bei Materialien, die schwer zu handhaben sind). 5.3 Reichhaltiges und abwechslungsreiches Spielzeug, Spiele und Ausstattung für Freispiel sind vorhanden.		7.1 Beaufsichtigung und Unterstützung werden für pädagogische Interaktionen genutzt (z.B. pädagogische Fachkraft hilft den Kindern, über Konfliktlösungen nachzudenken; sie regt die Kinder an, über Aktivitäten zu sprechen; führt Begriffe im Zusammenhang mit dem Spiel ein). 7.2 Neues Material/neue Erfahrungen für das Freispiel kommen *regelmäßig* hinzu (z.B. Materialien werden ausgetauscht; neue Aktivitäten entsprechend der Interessen der Kinder kommen hinzu).

36. Freispiel

Ergänzende Hinweise

Freispiel bedeutet, dass sich die Kinder die Materialien und Spielpartner selbst auswählen und, so weit wie möglich, das Spiel selbstständig gestalten können. Die pädagogische Fachkraft-Kind-Interaktion erfolgt im Freispiel in Abhängigkeit von den Bedürfnissen und Wünschen der Kinder. Situationen, in denen die pädagogische Fachkraft Kinder zu Spielbereichen zuordnet oder die pädagogische Fachkraft Materialien auswählt, welche die Kinder nutzen dürfen, zählen nicht zum Freispiel.

3.1 *»(...) Freispiel«* oder *freie Wahl* bedeutet nicht, dass den Kindern alle Bereiche zur Wahl offen stehen. Die Anzahl an Spielbereichen kann begrenzt sein, so lange sich die Kinder selbst aussuchen können, wo, womit und mit wem sie spielen. Eine positive Einschätzung erfordert, dass es den Kindern möglich ist, *mindestens 1 Stunde täglich* am Freispiel teilzunehmen, am Stück oder über den Tag verteilt (bei einer Betreuungszeit von *8 Stunden und mehr*; entsprechend weniger für eine kürzere Betreuungszeit).

3.2 Der Aspekt schätzt nur ein, ob die Kinder während des Freispiels im Innen- *und* Außenbereich so beaufsichtigt werden, dass hohe Gesundheits- und Sicherheitsrisiken minimiert werden, und bezieht sich *nicht* auf Routinen oder eine anderweitige Beaufsichtigung (z.B. Kinder werden so beaufsichtigt, dass sie nicht mit Zündhölzern spielen oder keine giftigen Substanzen verschlucken etc.). Der Aspekt ist nur dann nicht gegeben, wenn die Beaufsichtigung während des Freispiels extrem nachlässig ist. Hierzu müssen auch die Einschätzungen der Merkmale 14 *»Sicherheit«*, 29 *»Beaufsichtigung und Begleitung bei Bewegungsaktivitäten«* und 30 *»Allgemeine Beaufsichtigung und Begleitung«* beachtet werden.

Fragen

Allgemein: Können Sie einige Möglichkeiten beschreiben, die die Kinder für das Freispiel haben? Wann und wo finden diese statt? Womit können die Kinder spielen?

37. Gruppenstruktur

Unzureichend		Minimal		Gut		Ausgezeichnet
1	2	3	4	5	6	7

Unzureichend

1.1 Kinder befinden sich die *meiste Zeit des Tages* in der Gesamtgruppe (z.B. alle Kinder sind an der gleichen künstlerischen Aktivität beteiligt; allen wird zur gleichen Zeit eine Geschichte erzählt; alle hören gemeinsam eine CD/Musik; alle nutzen zur gleichen Zeit den Waschraum).*

1.2 Pädagogische Fachkraft ergreift *nur selten* die Möglichkeit, mit *einzelnen* Kindern oder *kleinen Gruppen* zu interagieren.*

Minimal

3.1 *Einige* Aktivitäten finden in *kleinen Gruppen* oder *individuell* statt.*

3.2 *Einige* Möglichkeiten für die Kinder, sich in selbstgewählten *kleinen Gruppen* zusammenzufinden.*

Gut

5.1 Aktivitäten in der Gesamtgruppe sind auf *kurze* Zeitabschnitte, die dem Alter, den Fähigkeiten und individuellen Bedürfnissen der Kinder entsprechen, begrenzt.*

5.2 *Viele* Aktivitäten finden in *kleinen Gruppen* oder *individuell* statt.*

5.3 *Einige* Routinen finden in *kleinen Gruppen* oder *individuell* statt.

Ausgezeichnet

7.1 *Verschieden* zusammengesetzte Teilgruppen sorgen für Abwechslung während des Tages.*

7.2 Pädagogische Fachkraft beschäftigt sich in pädagogischen Interaktionen *sowohl* mit *kleinen Gruppen* und *einzelnen* Kindern *als auch* mit der Gesamtgruppe (z.B. sie liest eine Geschichte vor; hilft *kleinen Gruppen* beim Kochen oder Experimentieren).*

7.3 Die Kinder haben *vielfältige* Möglichkeiten, sich in *selbstgewählten kleinen Gruppen* zusammenzufinden.*

37. Gruppenstruktur

Ergänzende Hinweise

1.1 »(...) *Gesamtgruppe*« bezieht sich im Allgemeinen auf *alle* Kinder der Gruppe. Wird *eine* sehr große Gruppe in *zwei* große Gruppen aufgeteilt und müssen die Kinder in *jeder* Gruppe an der gleichen Aktivität teilnehmen, so gilt dies auch als Zeit in der Gesamtgruppe. »(...) *die meiste Zeit des Tages*« bedeutet 75% der Zeit, in der sich die Kinder in der Einrichtung aufhalten.

1.2, 3.1, 3.2, 5.2 Welche Größe für Kleingruppen angemessen ist, kann sich in Abhängigkeit vom Alter, den Fähigkeiten und den individuellen Bedürfnissen der Kinder ändern. Für die Bedürfnisse von Dreijährigen sind *kleine Gruppen* mit *drei bis fünf* Kindern angemessen, während für Vier- bis Fünfjährige eine *kleine Gruppe fünf bis acht* Kinder umfassen kann.

5.1 Die Zeit in der Gesamtgruppe kann auch nur ganz kurz sein, z.B. ein gemeinsames Fingerspiel. Es sollte zumindest *eine* kurze Aktivität in der Gesamtgruppe stattfinden, um den Aspekt als gegeben einzuschätzen. »*Aktivitäten in der Gesamtgruppe* (...)« können für Kinder unter dreieinhalb Jahren oder für manche Kinder mit erhöhtem Förderbedarf nicht geeignet sein. In diesem Fall sind Phasen in der Gesamtgruppe für eine positive Einschätzung nicht erforderlich. Um einzuschätzen, ob die Aktivitäten in der Gesamtgruppe geeignet sind, muss beobachtet werden, ob die Kinder interessiert und beteiligt sind.

5.2 »*Viele Aktivitäten* (...)« bedeutet, dass *mindestens die Hälfte* der beobachteten spielerischen Aktivitäten in kleinen Gruppen oder individuell erfolgt (*sowohl* von der pädagogischen Fachkraft angeleitete *als auch* von den Kindern initiierte Aktivitäten).

5.3 »*Einige Routinen*« bedeutet z.B. Essen, Pflegeroutinen, wie Händewaschen oder Zähneputzen.

7.1 »*Verschieden zusammengesetzte Teilgruppen* (...)« bedeutet, dass *mindestens zwei verschiedene* Gruppenkonstellationen (z.B. Gesamtgruppe oder große Gruppen, kleine Gruppen, kleine selbstgewählte Gruppen) während der Einschätzung beobachtet werden können, so dass im Laufe des Tages Abwechslung innerhalb der Gruppenzusammensetzung gegeben ist.

7.2 Bei diesem Aspekt geht es darum, einen allgemeinen Eindruck zu gewinnen, was die Kinder erleben. Eine pädagogische Fachkraft kann in ihrem Interaktionsverhalten stärker hervortreten als eine andere. Wenn die positiven Erfahrungen für die Kinder überwiegen, kann der Aspekt als gegeben eingeschätzt werden.

7.3 »(...) *in selbstgewählten kleinen Gruppen zusammenzufinden*« bedeutet, dass die Kinder während der Beobachtung eine angemessene Zeit in selbstgewählten kleinen Gruppen verbringen. Weiterhin muss es Anzeichen dafür geben, dass Kleingruppen ein normaler Bestandteil des regulären Gruppengeschehens sind.

38. Vorkehrungen für Kinder mit erhöhtem Förderbedarf*

Unzureichend		Minimal		Gut		Ausgezeichnet
1	2	3	4	5	6	7

1.1 *Kein* Bemühen der pädagogischen Fachkraft, sich über die besonderen Bedürfnisse von Kindern mit erhöhtem Förderbedarf aus gutachterlichen Stellungnahmen und Einschätzungen zu informieren.

1.2 *Kein* Bemühen den Bedürfnissen der Kinder mit erhöhtem Förderbedarf entgegenzukommen (z.B. keine Anpassungen in Interaktionen/Ausstattung/Aktivitäten/Tagesablauf).

1.3 *Kein* Einbezug der Eltern, um die besonderen Bedürfnisse der Kinder mit erhöhtem Förderbedarf zu verstehen oder Ziele für diese festzulegen.

1.4 Kinder mit erhöhtem Förderbedarf werden *sehr wenig* in laufende Aktivitäten einbezogen (z.B. essen nicht am gleichen Tisch, nehmen nicht an Aktivitäten teil).

1.5 *Keine* fachlichen Treffen bzw. keine Helferkonferenzen für die beteiligten Erwachsenen vorgesehen.
NA möglich*

3.1 Pädagogische Fachkraft ist aus bereits vorhandenen gutachterlichen Stellungnahmen und Einschätzungen über die besonderen Bedürfnisse der Kinder mit erhöhtem Förderbedarf informiert.

3.2 *Gewisse* Anpassungen in Interaktionen, Ausstattung, Aktivitäten oder Tagesablauf, um den besonderen Bedürfnissen der Kinder mit erhöhtem Förderbedarf gerecht zu werden.*

3.3 *Gewisser* Einbezug der Eltern und anderer pädagogischer Fachkräfte der Gruppe, um Ziele für die Kinder mit erhöhtem Förderbedarf festzulegen.*

3.4 *Gewisser* Einbezug der Kinder mit erhöhtem Förderbedarf in laufende Aktivitäten mit anderen Kindern.

3.5 *Gelegentliche* Treffen bzw. Helferkonferenzen unter Einbezug aller beteiligten Erwachsenen vorgesehen (u.a. Eltern, pädagogische Fachkräfte, FacherzieherInnen für Integration, Therapeuten).*
NA möglich*

5.1 Pädagogische Fachkraft berücksichtigt bei der Gestaltung von Aktivitäten und Interaktionen Vorschläge von Spezialisten, um festgelegte Ziele für die Kinder mit erhöhtem Förderbedarf zu erreichen (z.B. von Ärzten, Logopäden, Sonder- oder Heilpädagogen).

5.2 Anpassungen in Ausstattung, pädagogischer Arbeit und Tagesablauf, damit Kinder mit erhöhtem Förderbedarf an *vielen* Aktivitäten teilnehmen können.

5.3 Zwischen Eltern und pädagogischer Fachkraft finden *häufig* Gespräche statt, in denen Ziele festgelegt und Erfahrungen über die Auswirkungen der pädagogischen Arbeit ausgetauscht werden.

5.4 Für die Kinder mit erhöhtem Förderbedarf ist vorrangig eine Bezugserzieherin zuständig.

5.5 Helferkonferenzen finden *häufig* unter Einbezug der interdisziplinären Fachkräfte (u.a. Eltern, Jugendamt, Therapeuten, pädagogische Fachkräfte) statt.*
NA möglich*

7.1 Die Förderung von Kindern mit erhöhtem Förderbedarf wird überwiegend im regulären Tagesablauf der Gruppe durchgeführt (z.B. fördernde Angebote werden in Aktivitäten für die Gruppe integriert).

7.2 Die Kinder mit erhöhtem Förderbedarf sind in die Gruppe integriert und nehmen an den *meisten* Aktivitäten teil.

7.3 Pädagogische Fachkraft ist an den individuellen Einschätzungen und an der Festlegung der Förderpläne durch die Therapeuten beteiligt bzw. erstellt *eigene* Dokumentationen und Förderpläne für die Kinder mit erhöhtem Förderbedarf.

7.4 Zwischen Eltern und pädagogischer Fachkraft finden *regelmäßige* Entwicklungsgespräche statt.

7.5 *Regelmäßige* Helferkonferenzen unter Einbezug der interdisziplinären Fachkräfte.*
NA möglich*

38. Vorkehrungen für Kinder mit erhöhtem Förderbedarf

Ergänzende Hinweise

NA möglich, wenn es in der Gruppe kein Kind gibt, das nach Auskunft der pädagogischen Fachkraft gemäß *§ 54 SGB XII (Leistungen der Eingliederungshilfe)* und *§ 35a SGB VIII (Eingliederungshilfe für seelische behinderte Kinder und Jugendliche)* einen erhöhten Förderbedarf hat oder eine entsprechende Förderung erhalten sollte und für das ein besonderer Anspruch auf Eingliederungshilfe besteht.
Um die Anonymität der Familie und des Kindes zu gewährleisten, muss die pädagogische Fachkraft das Kind nicht benennen. Für die Einschätzung dieses Merkmals muss das Kind nicht identifiziert werden.

1.5, 3.5, 5.5, 7.5 *»Gelegentliche Treffen bzw. Helferkonferenzen«* meint, dass sich alle beteiligten Erwachsenen (u.a. Eltern, pädagogische Fachkräfte, Therapeuten vom Sozialpädiatrischem Zentrum, Jugendamt etc.) *mindestens einmal jährlich* zu einer Helferkonferenz zusammenfinden sollten. Für den Aspekt 5.5 sollten Helferkonferenzen *mindestens halbjährlich* stattfinden, *»regelmäßige«* Helferkonferenzen (Aspekt 7.5) bedeutet *alle drei Monate*. Für eine Dokumentation der Helferkonferenzen sollte immer auch ein Protokoll verfasst werden, in dem u.a. bisherige Entwicklungsschritte des Kindes und weitere zukunftsorientierte Maßnahmen bzw. Förderangebote festgehalten werden, um bei der nächsten Helferkonferenz daran anknüpfen zu können.
NA möglich, wenn die Kinder mit erhöhtem Förderbedarf nicht interdisziplinär betreut werden müssen und keine Helferkonferenzen stattfinden.

3.2 *»Gewisse Anpassungen«* können sein: Änderungen in der Ausstattung (z.B. eine Rampe, spezielle Stühle), die es den Kindern erlauben, am Gruppengeschehen teilzunehmen; ein Therapeut kommt in die Einrichtung und arbeitet in regelmäßigen Abständen mit den Kindern.

3.3, 5.3, 7.4 *»Gewisse«* bedeutet, dass sich die Eltern und die pädagogische Fachkraft *mindestens einmal jährlich* treffen und sich über die Entwicklung des Kindes und die festgelegten Ziele austauschen. *»Häufig«* meint *mindestens halbjährliche* Treffen, für *»regelmäßige Entwicklungsgespräche«* sollten *bei Bedarf alle 3 Monate oder öfter* Treffen stattfinden.

Fragen

Allgemein: Können Sie beschreiben, wie Sie versuchen, den Bedürfnissen der Kinder mit erhöhtem Förderbedarf in Ihrer Gruppe/Ihrem Bereich gerecht zu werden? Werden diese Kinder interdisziplinär betreut?

1.1, 3.1 Haben Sie Informationen aus gutachterlichen Stellungnahmen über die Kinder? Wie nutzen Sie diese?
1.2, 3.2, 5.2 Was tun Sie, um die besonderen Bedürfnisse dieser der Kinder mit erhöhtem Förderbedarf zu berücksichtigen? Bitte nennen Sie einige Beispiele.
1.3, 3.3, 5.3, 7.4 Sind Sie und die Eltern beteiligt, wenn es um die Festlegung von Zielen geht? Wie häufig finden Gespräche mit den Eltern statt?
1.5, 3.5, 5.5, 7.5 Finden fachliche Treffen bzw. Helferkonferenzen für die pädagogische Arbeit mit Kindern mit erhöhtem Förderbedarf statt und wenn ja, wie häufig? Wer nimmt an den Helferkonferenzen teil?
5.1, 7.1 Wie werden besondere Fördermaßnahmen/Therapien durchgeführt?
5.4 Gibt es für die Kinder mit erhöhtem Förderbedarf eine zuständige Bezugserzieherin? Wie wird dies gehandhabt?
7.3 Werden Sie bei Einschätzungen oder der Entwicklung von Fördermaßnahmen für ein Kind mit erhöhtem Förderbedarf einbezogen? Welche Rolle spielen Sie dabei?

39. Pädagogische Konzeption*

Unzureichend		Minimal		Gut		Ausgezeichnet
1	2	3	4	5	6	7

1.1 Die Einrichtung hat *keine* schriftliche pädagogische Konzeption.

1.2 Der pädagogischen Fachkraft ist die schriftliche Konzeption *nicht* bekannt.

3.1 Die Einrichtung hat eine schriftliche pädagogische Konzeption, die *nicht älter als drei Jahre* ist.

3.2 Die pädagogische Fachkraft kann auf Nachfrage wenigstens *drei Kriterien* der Konzeption benennen.

3.3 Die pädagogische Konzeption liegt in der Kindertageseinrichtung aus *oder* ist auf Nachfrage für die Eltern erhältlich.

3.4 Neue pädagogische Fachkräfte werden mit der pädagogischen Konzeption vertraut gemacht.*

3.5 Die pädagogische Konzeption wurde gemeinsam im Team ausgearbeitet.

5.1 Die pädagogische Fachkraft kann auf Nachfrage wenigstens *fünf Kriterien* der Konzeption benennen.

5.2 Die pädagogische Konzeption ist *mindestens halbjährlich* Gegenstand in Teambesprechungen.

5.3 Die pädagogische Konzeption wird *mindestens einmal jährlich* überprüft und angepasst.

7.1 Die pädagogische Konzeption enthält Aussagen zur Entwicklung und Sicherung pädagogischer Qualität in der Kindertageseinrichtung.

7.2 Die pädagogische Konzeption wird *mindestens halbjährlich* überprüft und bei Bedarf angepasst.

7.3 Die Eltern erhalten bei der Anmeldung ihres Kindes ein Exemplar der Konzeption (z.B. Kurzkonzeption).

7.4 Eltern(vertreter) sind an der Überarbeitung der pädagogischen Konzeption beteiligt (z.B. zu Einzelaspekten).

39. Pädagogische Konzeption

Ergänzende Hinweise

Unter einer pädagogischen Konzeption wird ein schriftliches Dokument verstanden, welches *formale, organisatorische und inhaltliche Kriterien* umfasst und die pädagogische Arbeit einer Kindertageseinrichtung beschreibt.

Folgende Kriterien sollten (u.a.) in einer pädagogischen Konzeption enthalten sein:

(1) *Formale Kriterien*, wie ein Umfang von *mindestens* 5 Seiten, ein aktuelles Datum (nicht älter als 5 Jahre), gute Lesbarkeit, Layout, ein Inhaltsverzeichnis und Seitenzahlen;

(2) *organisatorische Kriterien*, wie Name und Anschrift der Einrichtung, tägliche Öffnungszeiten, Ferienschließzeiten, Erreichbarkeit, Ansprechpartner, Informationen zum Träger, Informationen zur Kindertageseinrichtung (Haus, Räume, Garten) und zu den Gruppen, Vorstellung des Teams, Umgang mit Erkrankungen und der Vergabe von Medikamenten, Beschwerdemanagement sowie

(3) *inhaltliche Kriterien*, wie pädagogische Leitbilder, pädagogisches Konzept, Altersmischung, (teil-)offene Arbeit, Erziehungsziele, Erziehungspartnerschaft/Zusammenarbeit mit den Eltern, Eingewöhnung, Regeln für Konflikte, besondere Angebote, entwicklungspsychologische Grundlagen, Zusammenarbeit im Team, Bildungsdokumentation.

Zur Einschätzung dieses Merkmals sollten ausschließlich die pädagogischen Fachkräfte der Gruppe befragt werden.

3.4 Ein Exemplar der Konzeption sollte der neuen pädagogischen Fachkraft ausgehändigt und sollte von ihr gelesen werden. Darüber hinaus sollte die neue pädagogische Fachkraft mit den Inhalten der Konzeption im Gespräch mit der Leitung oder im Team vertraut gemacht werden. Der Aspekt ist gegeben, wenn beide Bedingungen erfüllt sind.

Fragen

1.1, 3.1, 5.1 Gibt es in Ihrer Einrichtung eine schriftliche pädagogische Konzeption? Wann wurde sie erstellt bzw. zuletzt überarbeitet?
1.2, 3.2, 5.1 Können Sie bitte einige zentrale Kriterien der Konzeption benennen?
3.3, 7.3 Werden die Eltern mit der Konzeption vertraut gemacht? Wenn ja, wie geschieht dies?
3.4 Werden neue Mitarbeiter mit der Konzeption vertraut gemacht? Wenn ja, wie geschieht das?
3.5, 7.4 Wer hat diese Konzeption ausgearbeitet? Sind Eltern(-vertreter) bei der Überarbeitung beteiligt?
5.2 Ist die Konzeption Gegenstand von Teambesprechungen? Wenn ja, wie häufig?
5.3, 7.2 Wird die Konzeption vom Team auf ihre Aktualität hin überprüft? Wenn ja, wie häufig geschieht das?
7.1 Beinhaltet die Konzeption Aussagen über die Qualitätssicherung oder Qualitätsentwicklung Ihrer Einrichtung? Können Sie die Inhalte beschreiben?

VI. Strukturierung der pädagogischen Arbeit

40. Beobachtung und Dokumentation*

Unzureichend		Minimal		Gut		Ausgezeichnet
1	2	3	4	5	6	7

1.1 *Keine* schriftlich festgehaltenen Beobachtungen von *einzelnen* Kindern *oder von der Gruppe* vorhanden.

3.1 *Anlassbezogene* schriftlich festgehaltene Beobachtungen *einzelner* Kinder *oder der Gruppe* (z.B. in Vorbereitung auf Eltern- bzw. Entwicklungsgespräche oder bei auffälligem Verhalten der Kinder).*

3.2 Für *einzelne* Kinder (*drei und mehr*) sind Aufzeichnungen über mehrere Beobachtungen vorhanden.

5.1 *Regelmäßige (mindestens halbjährliche)* schriftlich festgehaltene Beobachtungen *jedes* Kindes nach einem bestimmten Verfahren.*

5.2 Geordnete, systematische Ablage der Beobachtungsdokumentation (z.B. ausführliche Notizen, Fotos, Videosequenzen werden zusammen in einer Dokumentationsmappe aufbewahrt).*

5.3 Die pädagogischen Fachkräfte nutzen ihre Beobachtungsdokumentation, um daraus Impulse für die pädagogische Arbeit zu entwickeln.

7.1 Pädagogische Fachkräfte dokumentieren für *einzelne* Kinder mit freien Beobachtungen *sowohl* individuelle Verhaltensweisen und Interessen der Kinder *als auch* mit strukturierten Beobachtungsverfahren verschiedene Entwicklungsbereiche (z.B. durch Kombination mehrerer Beobachtungsverfahren).*

7.2 Jedes Kind wird von *mehreren (mindestens zwei)* pädagogischen Fachkräften zielgerichtet beobachtet.

7.3 Systematische schriftliche Auswertung der Beobachtungsergebnisse und Ableitung von Handlungsstrategien für pädagogische Anregungen.

7.4 Reflektion der Beobachtungsergebnisse erfolgt in *regelmäßigem* kollegialem/fachlichem Austausch.

40. Beobachtung und Dokumentation

Ergänzende Hinweise

Für die Einschätzung dieses Merkmals ist es notwendig, sich die entsprechenden Ordner, Unterlagen bzw. Verfahren zur Durchführung der Beobachtungen von der pädagogischen Fachkraft erläutern und ggf. zeigen zu lassen (z.B. Beobachtungsprotokolle). Zusätzlich sollte die pädagogische Fachkraft beschreiben können, welche Beobachtungsverfahren sie anwendet (z.B. Leuvener Engagiertheits-Skala, Bildungs- und Lerngeschichten, Grenzsteine der Entwicklung, Kuno Bellers Entwicklungstabelle, träger- bzw. hausinterner Beobachtungsbogen).
Aus Datenschutzgründen dürfen die Beobachtungsdokumentationen nicht selbstständig angeschaut werden, die pädagogische Fachkraft sollte immer vorab nach den Unterlagen gefragt werden bzw. es liegt eine Einverständniserklärung der Eltern vor.

3.1 *»Anlassbezogene«* meint hier *unregelmäßige* Beobachtungen, z.B. schriftlich festgehaltene Beobachtungen, die nur zu bestimmten Anlässen für einzelne Kinder angefertigt werden, wie etwa zur Vorbereitung auf ein Entwicklungsgespräch.

5.1 Für die Einschätzung dieses Aspekts müssen *alle* Kinder *regelmäßig, mindestens halbjährlich*, beobachtet werden. Die Beobachtungen müssen anhand eines festgelegten Verfahrens durchgeführt werden. Das Beobachtungsverfahren kann ggf. von der pädagogischen Fachkraft selbst oder vom Träger entwickelt sein. Idealerweise gibt es einen schriftlichen Plan, aus dem hervorgeht, welches Kind wann und von welcher pädagogischen Fachkraft beobachtet wird.

5.3 *»Geordnete, systematische Ablage«* meint auch, dass die Dokumentation der Beobachtungen unter Beachtung von Datenschutzbestimmungen aufbewahrt werden sollten, so dass personenbezogene Daten verschlossen und Dritten nicht zugänglich sind.

7.1 Um individuelle Verhaltensweisen, Interessen wie auch den Entwicklungsstand eines Kindes in mehreren Bereichen systematisch zu beobachten und zu dokumentieren, ist es sinnvoll, unterschiedliche Verfahren zu kombinieren oder Verfahren zu wählen, welche unterschiedliche Möglichkeiten anbieten. Eine Auswahl der Beobachtungsverfahren sollte reflektiert erfolgen und zielgerichtet für *einzelne* Kinder eingesetzt werden. Freie Notizen sind bspw. hilfreich, um die Themen der Kinder sowie ihre individuelle Art, Dinge zu tun, zu erfassen. Wissenschaftlich fundierte Beobachtungsverfahren eignen sich wiederrum gut, um zentrale Aspekte in mehreren Bildungs- oder Entwicklungsbereichen zu dokumentieren.

Fragen

1.1, 3.1, 5.1, 7.1 Gibt es schriftlich festgehaltene Beobachtungen von einzelnen Kindern oder von der Gruppe? Wie/mit welchem Verfahren beobachten Sie die Kinder?
5.2 Wie werden die Beobachtungsdokumentationen der Kinder aufbewahrt?
5.3 Nutzen Sie die Beobachtungsergebnisse für Ihre pädagogische Arbeit? Wenn ja, wie?
7.1 Differenzieren Sie die Beobachtungen zwischen den Kindern und wenn ja, wie?
7.2 Werden die Kinder nur von einer oder ggf. auch von einer zweiten pädagogischen Fachkraft beobachtet? Wie wird dies umgesetzt?
7.3 Wie werden die Beobachtungsergebnisse ausgewertet?
7.4 Sind die Beobachtungsergebnisse Inhalte von Teambesprechungen? Wenn ja, inwiefern?

VI. Strukturierung der pädagogischen Arbeit

41. Individualisierung der pädagogischen Arbeit

Unzureichend		Minimal		Gut		Ausgezeichnet
1	2	3	4	5	6	7

1.1 Bei der pädagogischen Arbeit kommen nur Gruppenaktivitäten vor.

1.2 Kinder sind nicht bei der Planung und Durchführung von Angeboten/Aktivitäten beteiligt.

3.1 Individuelle Interessen und Bedürfnisse von Kindern werden bei der pädagogischen Planung und pädagogischen Arbeit *in Einzelfällen* berücksichtigt.*

3.2 Gruppenaktivitäten beziehen sich *gelegentlich* auf Kindergruppen mit ähnlichen Interessen.*

3.3 Die Kinder sind *gelegentlich* bei der Planung und Durchführung von Angeboten/Aktivitäten beteiligt.*

5.1 Bei der pädagogischen Planung und pädagogischen Arbeit werden *häufig* die Interessen und Bedürfnisse *einzelner* Kinder berücksichtigt.*

5.2 Raumgestaltung und Materialausstattung berücksichtigen individuelle Themen und Interessen der Kinder.*

5.3 Die pädagogische Interaktion ist dialogisch strukturiert und bezieht Interessen der Kinder und die Erziehungsziele der Einrichtung ein.*

5.4 Die pädagogische Fachkraft stellt sicher, dass sich die *meisten* Kinder *aktiv* bei Angeboten/Aktivitäten einbringen und mitwirken können.

7.1 Die Planung der pädagogischen Arbeit beruht auf *sorgfältigen* Auswertungen der Beobachtungen zu Interessen und Bedürfnissen *einzelner* Kinder.*

7.2 Für *jedes* Kind wird ein Profil seiner Interessen oder Themen erstellt, das in der pädagogischen Planung Berücksichtigung findet (z.B. Portfolio).*

7.3 Beobachtung, Dokumentation und individuelle Planung beruhen auf einem begründbaren pädagogischen Konzept (z.B. Bildungs- und Lerngeschichten, Infans-Konzept etc.).

41. Individualisierung der pädagogischen Arbeit

Ergänzende Hinweise

3.1, 5.1 Verfahren zur Interessensfeststellung mit Kindergartenkindern können z.B. ein Morgenkreis, eine Gruppendiskussion, individuelle Abfragen, Kinderkonferenzen oder Beobachtungsverfahren sein. *Mindestens ein* Verfahren der Interessensfeststellung muss von der pädagogischen Fachkraft genannt werden.

3.2 Um den Aspekt mit *Ja* einzuschätzen, ist *mindestens ein* Beispiel aus dem *letzten Monat* erforderlich.

3.3 Die pädagogische Fachkraft beteiligt die Kinder in Einzelsituationen, die meisten Angebote/Aktivitäten werden von der pädagogischen Fachkraft vorgegeben und durchgeführt.

5.1 Es sind *mindestens zwei* Beispiele aus dem *letzten Monat* erforderlich. Das Verfahren der Interessensfeststellung sollte an *zwei* Beispielen erläutert werden, auch Planungsunterlagen sollten in die Einschätzung einbezogen werden. Wenn keine schriftlichen Unterlagen geführt werden oder kein systematisch auf die Interessensfeststellung zielendes Verfahren beschrieben werden kann, wird der Aspekt als nicht gegeben eingeschätzt.

5.2 *Mindestens drei* thematische Bereiche, ggf. auch außerhalb des Gruppenraumes, sind erkennbar und zugänglich.

5.3 Die pädagogische Fachkraft und die Kinder besprechen gemeinsam Themen und Interessen der Gruppe oder einzelner Kinder. Thematische Anregungen der Kinder verbindet die pädagogische Fachkraft mit den Erziehungszielen der Einrichtung.

7.1 Für die Einschätzung sollten die Planungs- und Beobachtungsunterlagen eingesehen werden.

7.2 Als ein Interessensprofil sind schriftlich festgehaltene Informationen zu den Interessen, Vorlieben und/oder Themen der Kinder zu verstehen. Hierbei sind unterschiedliche Dokumentationsformen und -formate möglich (z.B. freie Beschreibung, Checkliste, Portfolio). Die pädagogische Fachkraft sollte die Interessensprofile/Themen der Kinder vorzeigen können. Die pädagogische Fachkraft muss zusätzlich beschreiben, wie die Interessen der Kinder in der Planung berücksichtigt werden.

Fragen

3.1, 5.1 Wie identifizieren Sie die Interessen der Kinder? Können Sie ein Vorgehen benennen, nach dem Sie arbeiten?

3.2 Werden Interessen einzelner bzw. mehrerer Kinder bei Aktivitäten in der Gruppe einbezogen? Nennen Sie bitte einige Beispiele.

5.2 Können Sie mir bitte beschreiben, wo sich die Themen/Interessen der Kinder in den Räumen und den Materialien wiederfinden?

7.2 Wie sichern Sie, dass bei den Beobachtungen kein Kind übersehen wird?

7.3 Welches Konzept liegt Ihrem Beobachtungs- und Dokumentationsverfahren sowie Ihrer Planung zu Grunde?

42. Zusammenarbeit mit Familien

Unzureichend		Minimal		Gut		Ausgezeichnet
1	2	3	4	5	6	7

Unzureichend (1)

1.1 Eltern erhalten *keine* schriftlichen Informationen über die Einrichtung.

1.2 Eltern ist es nicht gestattet, das Gruppengeschehen zu beobachten *oder* sich in der Einrichtung zu beteiligen.

Minimal (3)

3.1 Eltern erhalten schriftliche Informationen über Rahmenbedingungen der Einrichtung (z.B. Elternbeiträge, Öffnungszeiten, Regelungen zur Gesundheitsvorsorge).

3.2 *Einige* kindbezogene Informationen werden zwischen Eltern und pädagogischer Fachkraft ausgetauscht (z.B. informelle Gespräche; Elterngespräche auf Wunsch der Eltern; einige Materialien über Elterschaft).

3.3 *Gewisse* Möglichkeiten für Eltern und Familienmitglieder, sich in der Einrichtung zu beteiligen.*

3.4 Interaktionen zwischen Familienmitgliedern und pädagogischer Fachkraft sind *im Allgemeinen* respektvoll und positiv.

Gut (5)

5.1 Vor Aufnahme der Kinder werden die Eltern eingeladen, die zukünftige Gruppe ihres Kindes kennen zu lernen.*

5.2 Eltern werden mit dem Erziehungskonzept und der pädagogischen Arbeit vertraut gemacht (z.B. Elternhandbuch; Regeln; Beschreibung von Aktivitäten).

5.3 *Häufiger* Austausch kindbezogener Informationen zwischen Eltern und pädagogischer Fachkraft (z.B. regelmäßige informelle Gespräche; Besprechungen; Elternabende; Newsletter; Materialien über Elternschaft/Erziehung sind verfügbar).

5.4 *Vielzahl* von Möglichkeiten für Eltern und Familienmitglieder zur Teilnahme am Gruppengeschehen (z.B. Teilnahme am Geburtstag, Frühstück).*

Ausgezeichnet (7)

7.1 *Alle* Eltern werden *jährlich* nach ihrer Einschätzung der pädagogischen Arbeit gefragt (z.B. schriftliche Elternbefragungen).*

7.2 Eltern werden bei Bedarf an Fachleute verwiesen (z.B. hinsichtlich spezieller Hilfen für Eltern; Gesundheitsvorsorge für Kinder).

7.3 Eltern sind gemeinsam mit pädagogischen Fachkräften an Entscheidungen beteiligt, welche die Einrichtung betreffen (z.B. über Elternvertreter im Kitaausschuss, Elternbeirat).

42. Zusammenarbeit mit Familien

Ergänzende Hinweise

3.3 *»Gewisse Möglichkeiten (...) sich in der Einrichtung zu beteiligen«* bedeutet, dass den Eltern oder Familienmitgliedern *mindestens zwei* unterschiedliche Möglichkeiten angeboten werden, sich in der Einrichtung zu beteiligen: z.B. Eltern werden zu einem Essen eingeladen, Eltern können etwas zum Geburtstag ihres Kindes mitbringen, Eltern können einige Materialien für künstlerische Aktivitäten spenden, Eltern können die pädagogische Fachkraft bei bestimmten Aktivitäten unterstützen, besondere Fähigkeiten oder berufliche Qualifikationen der Eltern können bei Gruppenaktivitäten einbezogen werden, Eltern sind durch den Kitaausschuss bzw. Elternbeirat an Entscheidungen beteiligt, welche die Einrichtung betreffen. Die Möglichkeiten setzen eine aktive Beteiligung voraus, ein reiner Austausch von Informationen (wie bei Aspekt 3.2) reicht nicht aus.

5.1 Gemeint ist ein (kurzer) Besuch von Eltern (ggf. auch mit Kind) in der zukünftigen Gruppe, *bevor* ein Vertrag geschlossen wird. Dies soll ein Angebot der Einrichtung sein, welches die Eltern aber nicht zwingend annehmen müssen.

5.4 Eine *»Vielzahl«* bedeutet, dass *mindestens drei* Möglichkeiten zur Teilnahme am Gruppengeschehen angeboten werden.

7.1 Die Befragung der Eltern sollte *schriftlich* erfolgen.

Fragen

1.1, 3.1, 5.2 Gibt es schriftliche Informationen für die Eltern über die Einrichtung? Was enthalten diese Informationen?

1.2, 3.3, 5.4 Gibt es für Eltern Möglichkeiten zur Teilnahme am Gruppengeschehen bzw. können sich die Eltern in der Einrichtung beteiligen? Bitte nennen Sie einige Beispiele.

3.2, 5.3 Tauschen Sie mit den Eltern Informationen über die Kinder aus? Wie tun Sie das?

3.4 Wie ist Ihr allgemeines Verhältnis zu den Eltern?

5.1 Haben die Eltern die Möglichkeit, die zukünftige Gruppe vor Aufnahme ihres Kindes kennenzulernen? Wie wird das gehandhabt?

7.1 Werden die Eltern nach ihrer Einschätzung der pädagogischen Arbeit befragt? In welcher Art und Weise? Wie häufig findet dies statt?

7.2 Was tun Sie, wenn Eltern spezielle Unterstützung benötigen? Verweisen Sie die Eltern an Fachleute?

7.3 Werden Eltern in Entscheidungen, welche die Einrichtung betreffen, einbezogen? Wie wird das gehandhabt?

43. Berücksichtigung persönlicher Bedürfnisse der pädagogischen Fachkräfte

Unzureichend		Minimal		Gut		Ausgezeichnet
1	2	3	4	5	6	7

1.1 *Keine* speziellen Räumlichkeiten für pädagogische Fachkräfte vorhanden (z.B. *keine* separate Toilette; *kein* Aufenthaltsraum; *keine* Möglichkeiten zur Aufbewahrung persönlicher Dinge).

1.2 *Keine* Zeiten vorgesehen, um persönlichen Bedürfnissen nachzugehen (z.B. keine Pause).

3.1 *Separate* Toilette für Erwachsene vorhanden.

3.2 *Einige* Möbel für Erwachsene sind außerhalb der Spielbereiche für Kinder vorhanden.

3.3 *Gewisse* Aufbewahrungsmöglichkeiten für persönliche Dinge der pädagogischen Fachkräfte.*

3.4 Pädagogische Fachkräfte haben *mindestens eine Pause* am Tag.*
NA möglich*

3.5 Wenn notwendig, werden für pädagogische Fachkräfte mit Beeinträchtigungen besondere Vorkehrungen getroffen (z.B. spezielle Stühle).
NA möglich*

5.1 Aufenthaltsraum mit erwachsenengerechten Möbeln vorhanden, der eventuell auch doppelt genutzt wird (z.B. als Büro, Raum für Mitarbeiterbesprechungen).

5.2 *Angemessene* Aufbewahrungsmöglichkeiten für persönliche Dinge, wenn nötig abschließbar.*

5.3 Pausen am Morgen, Mittag und/oder Nachmittag sind *täglich* vorgesehen.*
NA möglich*

5.4 Möglichkeiten für pädagogische Fachkräfte zur Zubereitung oder Aufbewahrung von Lebensmitteln (z.B. Platz im Kühlschrank; Kochgelegenheit).

7.1 *Separater* Aufenthaltsraum vorhanden (*keine* doppelte Nutzung).

7.2 Der Aufenthaltsraum ist mit bequemen Möbeln für Erwachsene ausgestattet.

7.3 Pausenzeiten sind flexibel.

43. Berücksichtigung persönlicher Bedürfnisse der pädagogischen Fachkräfte

Ergänzende Hinweise

3.3, 5.2 *»Aufbewahrungsmöglichkeiten«* sind nur dann *angemessen*, wenn die pädagogischen Fachkräfte die Gruppe nicht verlassen oder die Betreuung der Kinder nicht vernachlässigen müssen, um an ihre persönlichen Dinge zu gelangen.

3.4 Die Pausenzeiten orientieren sich bei der minimalen Qualitätsstufe vorwiegend am Arbeitszeitgesetz (§4 ArbZG). Hier sollten die pädagogischen Fachkräfte, die Teilzeit arbeiten (*ca. 6 Stunden täglich*), wenigstens *eine* Pause von *30 Minuten* nehmen können.
NA möglich, wenn die pädagogischen Fachkräfte *weniger als 6 Stunden* arbeiten.

3.5 NA möglich, wenn keine pädagogische Fachkraft mit Beeinträchtigungen in der Einrichtung arbeitet.

5.3 Für pädagogische Fachkräfte, die Vollzeit arbeiten (*je nach Vertrag ca. 37-40 Stunden pro Woche*), müssen *mindestens zwei* Pausen (kinderdienstfreie Zeiten) am Tag vorgesehen sein. Die erste Pause sollte dabei *mindestens* einen Umfang von *30 Minuten* haben, die zweite Pause *mindestens 15 Minuten*. Die Pause kann jedoch auch am Stück von *45 Minuten* genommen werden.
NA möglich, wenn die pädagogischen Fachkräfte weniger als *8 Stunden täglich* arbeiten.

Fragen

1.2, 3.4, 5.3, 7.3 Haben Sie die Möglichkeit, eine Pause zu machen? Wenn ja, wann und wie lange?

3.3, 5.2 Wo bewahren Sie gewöhnlich Ihre persönlichen Dinge wie Jacke/Mantel oder Tasche auf? Ist dies für Sie ausreichend?

3.5 Gibt es in der Kindertageseinrichtung pädagogische Fachkräfte mit Beeinträchtigungen, die besondere Vorkehrungen benötigen?

5.4 Haben Sie die Möglichkeit, z.B. für Ihre Pause, Essen zuzubereiten bzw. Lebensmittel aufzubewahren? Wenn ja, wie und wo können Sie das tun?

44. Berücksichtigung fachlicher Bedürfnisse der pädagogischen Fachkräfte

Unzureichend		Minimal		Gut		Ausgezeichnet
1	2	3	4	5	6	7

1.1 *Kein* Zugang zum Telefon.*

1.2 *Keine* Aufbewahrungsmöglichkeiten für Unterlagen oder Materialien der pädagogischen Fachkräfte (z.B. *kein* Platz zur Aufbewahrung von Materialien, welche die pädagogischen Fachkräfte zur Vorbereitung von Aktivitäten brauchen).

1.3 *Keine* räumlichen Möglichkeiten für individuelle Beratungen/Gespräche während der Öffnungszeiten vorhanden.

3.1 *Schneller* Zugang zum Telefon.*

3.2 *Gewisse* Aufbewahrungsmöglichkeiten sind vorhanden.

3.3 *Gewisse* räumliche Möglichkeiten für individuelle Beratungen/Gespräche während der Öffnungszeiten vorhanden.

5.1 *Großzügige* Aufbewahrungsmöglichkeiten sind vorhanden.

5.2 *Separater* Büroraum zur Verwaltung der Einrichtung ist vorhanden.*

5.3 *Angemessene* räumliche Möglichkeiten für Beratungen/ Besprechungen und Treffen von Erwachsenen (z.B. doppelte Nutzung macht keine Abstimmungsschwierigkeiten; Vertraulichkeit ist gesichert; Möbel für Erwachsene sind vorhanden).

7.1 Gut ausgestatteter Büroraum zur Verwaltung der Einrichtung (z.B. Computer, Anrufbeantworter).

7.2 Die Einrichtung hat räumliche Möglichkeiten, die für individuelle Beratungen und Dienstbesprechungen genutzt werden können. Sie sind günstig gelegen, bequem und getrennt von den Aktivitätsbereichen der Kinder.

44. Berücksichtigung fachlicher Bedürfnisse der pädagogischen Fachkräfte

Ergänzende Hinweise

1.1, 3.1 Ein Telefon für Notrufe oder kurze Gespräche mit den Eltern muss sich nicht im Gruppenraum befinden, aber es muss leicht erreichbar und *zugänglich* sein. Wenn sich das Telefon auf der gleichen Etage an einem festen Platz befindet, ist dies ausreichend. Befindet sich das Telefon bspw. in einem anderen Gebäude, auf einer anderen Etage oder in einem verschlossenen Büro, so ist der Aspekt *1.1* mit *Ja* einzuschätzen. Ein Haustelefon ohne Amtsleitung (nur für interne Anrufe) oder ein privates Mobiltelefon reichen nicht aus und werden daher nicht mit eingeschätzt. Ein Mobiltelefon der Einrichtung ist akzeptabel, sofern es zugänglich und betriebsbereit ist.

5.2 *»Separater Büroraum«* meint das Büro der pädagogischen Leitung einer Kindertageseinrichtung. Um diesen Aspekt als gegeben einzuschätzen, muss sich das Büro innerhalb der Einrichtung befinden.

Fragen

1.1, 3.1 Haben Sie Zugang zu einem Telefon mit Amtsleitung? Wo befindet sich dieses?

1.2, 3.2, 5.1 Haben Sie Aufbewahrungsmöglichkeiten für fachliche Unterlagen bzw. Materialien? Bitte beschreiben Sie diese.

1.3, 3.3, 5.3, 7.2 Gibt es räumliche Möglichkeiten, die Sie während der Anwesenheit der Kinder für Beratungen, Elterngespräche, Teambesprechungen oder für andere Treffen von Erwachsenen nutzen können? Bitte beschreiben Sie diese.

5.2, 7.1 Gibt es in Ihrer Einrichtung ein Büro für die pädagogische Leitung? Bitte beschreiben Sie es.

VII. Eltern und pädagogische Fachkräfte

45. Interaktion und Kooperation der pädagogischen Fachkräfte*

Unzureichend		Minimal		Gut		Ausgezeichnet
1	2	3	4	5	6	7

Unzureichend (1)

1.1 *Kein* Austausch notwendiger Informationen zwischen den pädagogischen Fachkräften der Gruppe, um den kindlichen Bedürfnissen gerecht zu werden (z.B. Informationen, dass Kinder früher abgeholt werden, werden *nicht* weitergegeben).

1.2 Beziehungen zwischen den pädagogischen Fachkräften stören die pädagogische Arbeit (z.B. pädagogische Fachkräfte führen während der Betreuungszeit Privatgespräche oder sind im Umgang miteinander kurz angebunden und unfreundlich).

1.3 Die pädagogische Arbeit der pädagogischen Fachkräfte ist *nicht* fair verteilt (z.B. eine pädagogische Fachkraft erledigt die meisten Aufgaben, während die andere eher unbeteiligt ist).*

Minimal (3)

3.1 *Einige* grundlegende Informationen werden ausgetauscht, um den kindlichen Bedürfnissen gerecht zu werden (z.B. wissen alle pädagogischen Fachkräfte über die Allergie eines Kindes Bescheid).

3.2 Beziehungen zwischen den pädagogischen Fachkräften stören *nicht* die pädagogische Arbeit.

3.3 Die pädagogische Arbeit der pädagogischen Fachkräfte ist fair verteilt.*

Gut (5)

5.1 Kindbezogene Informationen werden *täglich* zwischen den pädagogischen Fachkräften ausgetauscht (z.B. Informationen darüber, wie Routinen und Spielaktivitäten für bestimmte Kinder verlaufen).

5.2 Interaktionen zwischen den pädagogischen Fachkräften sind positiv und tragen zu einer Atmosphäre von Wärme und Unterstützung bei.

5.3 Die Verantwortung für bestimmte Aufgaben ist so verteilt, dass *sowohl* Pflege *als auch* Spielaktivitäten reibungslos durchgeführt werden.*

Ausgezeichnet (7)

7.1 Pädagogische Fachkräfte, die mit derselben Gruppe oder im selben Raum arbeiten, haben *mindestens 14-tägig* gemeinsame Zeit für Planung und Reflexion.

7.2 Die Aufgaben sind für jede pädagogische Fachkraft eindeutig definiert (z.B. stellt eine pädagogische Fachkraft Spielmaterialien bereit, während die andere die Kinder begrüßt; eine pädagogische Fachkraft hilft den Kindern bei der Vorbereitung auf die Ruhephase, während die andere das Zähneputzen beaufsichtigt).*

7.3 Die Einrichtung fördert positive Beziehungen der pädagogischen Fachkräfte zueinander durch informelle Veranstaltungen und unterstützt die gemeinsame Teilnahme an Fachveranstaltungen (z.B. Feiern und Ausflüge, gemeinsame Fortbildungen).*

45. Interaktion und Kooperation der pädagogischen Fachkräfte

Ergänzende Hinweise

Dieses Merkmal wird eingeschätzt, wenn *zwei oder mehrere* pädagogische Fachkräfte in der beobachteten Gruppe arbeiten, auch wenn sie dies zu unterschiedlichen Zeiten tun. NA möglich, wenn nur eine pädagogische Fachkraft in der Gruppe arbeitet.

1.3, 3.3, 5.3, 7.2 *»Die pädagogische Arbeit der pädagogischen Fachkräfte ist fair verteilt«* bedeutet, dass die pädagogischen Fachkräfte in die verschiedenen Arbeitsabläufe involviert sind und diese auch ausführen. *»Fair verteilt«* meint auch, dass die ausgeübten Tätigkeiten die fachlichen Schwerpunkte und die Stellenbeschreibung der Fachkräfte berücksichtigen. Der Aspekt *1.1* wird nur mit *Ja* eingeschätzt, wenn während der Beobachtung entsprechende Probleme in den Abläufen beobachtet werden.

7.3 Pro Jahr sollen *mindestens zwei* Veranstaltungen im Team (z.B. mit den pädagogischen Fachkräften, die gemeinsam in einer Gruppe oder Kleinteam arbeiten) durchgeführt werden. Hierbei sollte es sich um *eine* informelle Teamveranstaltung (z.B. Betriebsausflug, Weihnachtsfeier, Sommerfest) *und eine* Fachveranstaltung (z.B. gemeinsame Fortbildung, Inhouse-Fortbildung) handeln.

Fragen

1.1, 3.1, 5.1 Tauschen Sie Informationen über die Kinder mit den anderen pädagogischen Fachkräften, die in Ihrer Gruppe arbeiten, aus? Wann und wie oft geschieht dies? Worüber tauschen Sie sich aus?

7.1 Haben Sie zusammen mit den anderen pädagogischen Fachkräften Ihrer Gruppe kinderdienstfreie Zeit zur Planung und Reflexion Ihrer pädagogischen Arbeit? Wenn ja, wie häufig?

7.2 Wie teilen Sie die Aufgaben untereinander auf?

7.3 Werden von der Einrichtung Veranstaltungen organisiert, an denen Sie und die anderen pädagogischen Fachkräfte zusammen teilnehmen können? Können Sie einige Beispiele nennen?

46. Fachliche Unterstützung und Evaluation der pädagogischen Fachkräfte*

Unzureichend		Minimal		Gut		Ausgezeichnet
1	2	3	4	5	6	7

Unzureichend (1)

1.1 *Keine* fachliche Unterstützung für die pädagogischen Fachkräfte vorgesehen.

1.2 *Keine* Rückmeldungen *oder keine* Einschätzung der Arbeit der pädagogischen Fachkräfte vorgesehen.

1.3 *Keine* Beratung bzw. Austausch für die pädagogische Arbeit mit Kindern mit erhöhtem Förderbedarf vorgesehen (z.B. keine Treffen oder AGs).*
NA möglich*

Minimal (3)

3.1 *Gewisse* fachliche Unterstützung für die pädagogischen Fachkräfte ist vorgesehen (z.B. pädagogische Leitung beobachtet informell die Arbeit in der Gruppe; fachliche Unterstützung erfolgt nur nach Anforderung).*

3.2 *Gewisse* Rückmeldungen über die Arbeit der pädagogischen Fachkräfte vorgesehen.*

3.3 *Gelegentliche* Beratung bzw. Austausch für die pädagogische Arbeit mit Kindern mit erhöhtem Förderbedarf vorgesehen (z.B. Integrations-AG innerhalb der Kindertageseinrichtung oder Treffen innerhalb des Trägers).*
NA möglich*

Gut (5)

5.1 *Jährlich* sind Hospitationen zur fachlichen Unterstützung bei den pädagogischen Fachkräften vorgesehen.*

5.2 *Schriftliche* Einschätzungen der pädagogischen Arbeit werden *mindestens einmal jährlich* mit den pädagogischen Fachkräften besprochen.*

5.3 Die mündlichen/schriftlichen Einschätzungen enthalten *sowohl* Stärken der pädagogischen Fachkräfte *als auch* Empfehlungen zu Bereichen mit Entwicklungspotenzial.*

5.4 Es werden Maßnahmen getroffen, die auf den Empfehlungen/Anregungen der Einschätzungen basieren (z.B. gezielte Fortbildung; Anschaffung neuer Materialien, wenn erforderlich).

5.5 *Häufige* Beratung bzw. Austausch für die pädagogische Arbeit mit Kindern mit erhöhtem Förderbedarf vorgesehen (z.B. Integrations-AGs; trägerinterne Treffen unter Einbezug der Fachberatung; Fortbildungen; Beratung durch das SPZ).*
NA möglich*

Ausgezeichnet (7)

7.1 Pädagogische Fachkräfte nehmen Selbsteinschätzungen ihrer Arbeit vor.*

7.2 Fachliche Supervision *und* Rückmeldungen finden *zusätzlich* zu den *jährlichen* Hospitationen statt.

7.3 Rückmeldungen und Beratungen finden in einer hilfreichen und unterstützenden Art und Weise statt.

7.4 *Regelmäßige* beratende Begleitung bzw. Austausch für die pädagogische Arbeit mit Kindern mit erhöhtem Förderbedarf (z.B. Beratung beim Einbezug von Förderstrategien für Kinder mit erhöhtem Förderbedarf).*
NA möglich*

46. Fachliche Unterstützung und Evaluation der pädagogischen Fachkräfte

Ergänzende Hinweise

Zur Einschätzung dieses Merkmals sollten die pädagogischen Fachkräfte der Gruppe, nicht die pädagogische Leitung, befragt werden. Nur wenn die pädagogischen Fachkräfte *weniger als 12 Monate* in der Einrichtung arbeiten und *keine* Auskunft geben können, sollte die pädagogische Leitung gefragt werden.

1.3, 3.3, 5.5, 7.4 Die Beratung bzw. der Austausch der pädagogischen Fachkräfte für die Arbeit mit Kindern mit erhöhtem Förderbedarf bezieht u.a. die Weitergabe von Informationen über Diagnosen, allgemeine Anregungen für die pädagogische Arbeit oder auch die Besprechung konkreter Alltagssituationen, z.B. für die Erarbeitung von Förderstrategien, mit ein. Die Treffen oder AGs für den Austausch der pädagogischen Fachkräfte können innerhalb der Kindertageseinrichtung oder einrichtungsübergreifend vom Träger organisiert sein. Weitere Fachkräfte für die Beratung bzw. Austausch für die pädagogische Arbeit mit Kindern mit erhöhtem Förderbedarf sind z.B. Fachkräfte von der Lebenshilfe oder des sozialpädiatrischem Zentrums (SPZ), wie Heilpädagogen, Therapeuten, Psychologen. Für eine *»gelegentliche Beratung bzw. Austausch«* müssen diese Treffen *mindestens einmal jährlich* stattfinden. *»Häufige Beratung bzw. Austausch«* meint *mindestens halbjährlich*, *»regelmäßige beratende Begleitung bzw. Austausch«* bedeutet *mindestens alle drei Monate*. NA möglich, wenn es in der Gruppe *kein* Kind gibt, das nach Auskunft der pädagogischen Fachkraft gemäß *§ 54 SGB XII* oder *§ 35a SGB VIII* einen erhöhten Förderbedarf hat oder eine entsprechende Förderung erhalten sollte und für das ein besonderer Anspruch auf *Eingliederungshilfe* besteht.

3.1, 3.2 *»Gewisse fachliche Unterstützung«* und *»Gewisse Rückmeldungen«* meint, dass eine Anfrage der pädagogischen Fachkraft nach fachlicher Unterstützung bzw. Rückmeldung ihrer pädagogischen Arbeit ausreicht.

5.1 Dieser Aspekt ist gegeben, wenn *jährlich eine* Hospitation stattfindet (z.B. durch die pädagogische Leitung, Fachberatung des Trägers).

5.2 Die schriftliche Einschätzung soll auf einer vorangegangenen Beobachtung der pädagogischen Arbeit mit den Kindern basieren. Die schriftliche Einschätzung bzw. das Feedback muss jeder pädagogischen Fachkraft *mindestens einmal jährlich* (z.B. bei Mitarbeitergesprächen) zurückgemeldet werden.

7.1 Selbsteinschätzungen der pädagogischen Fachkräfte sollten *schriftlich* erfolgen (z.B. durch Checklisten).

Fragen

1.1, 3.1, 5.1, 5.2 Erhalten Sie Unterstützung für Ihre Arbeit, z.B. in Form von fachlicher Beratung? Wie findet diese Unterstützung statt?

1.2, 3.2, 5.2, 7.3 Erhalten Sie in irgendeiner Weise eine Rückmeldung über Ihre Arbeit? Wie wird das gehandhabt? Wie oft findet diese statt?

1.3, 3.3, 5.5, 7.4 Finden Beratungen bzw. Austauschmöglichkeiten für die Arbeit mit Kindern mit erhöhtem Förderbedarf statt? Wenn ja, wie häufig?

5.3, 7.3 Enthalten die Rückmeldungen zu Ihrer Arbeit Stärken wie auch Entwicklungspotenziale? Nennen Sie bitte einige Beispiele.

5.4 Wenn Verbesserungen notwendig werden, wie wird das gehandhabt?

7.1 Führen Sie regelmäßig Selbsteinschätzungen durch?

7.2 Haben Sie die Möglichkeit, Supervision in Anspruch nehmen zu können? Wenn ja, wie ist dies geregelt und wie häufig findet die Supervision statt?

47. Fortbildungsmöglichkeiten*

Unzureichend		Minimal		Gut		Ausgezeichnet
1	2	3	4	5	6	7

1.1 *Keine* Einarbeitung neuer pädagogischer Fachkräfte.

1.2 *Keine* Möglichkeiten zur Fortbildung für pädagogische Fachkräfte.

1.3 *Keine* Teambesprechungen.

3.1 *Gewisse* Einarbeitung für neue pädagogische Fachkräfte umfasst Maßnahmen für Notfälle, zur Sicherheit und Gesundheit.*

3.2 *Gewisse* Möglichkeiten zur Fortbildung gegeben.*

3.3 *Einige* Teambesprechungen zu Verwaltungsangelegenheiten finden statt.*

5.1 *Gründliche* Einarbeitung neuer pädagogischer Fachkräfte erfolgt nach einem verbindlichen Konzept und umfasst den Umgang mit Kindern und Eltern sowie die Gestaltung von Routinen und Aktivitäten.*

5.2 Teilnahme an Kursen, Seminaren oder Workshops außerhalb der Einrichtung wird unterstützt (z.B. Freistellung für Fortbildung, Erstattung der Reisekosten, Erstattung der Konferenzbeiträge).

5.3 *Monatliche* Teambesprechungen umfassen Aktivitäten zur beruflichen Fortbildung/Weiterbildung der pädagogischen Fachkräfte.

5.4 *Einige* Fach- und Informationsmaterialien sind in der Kindertageseinrichtung vorhanden (z.B. Bücher, Zeitschriften oder andere Materialien über kindliche Entwicklung, kulturelle Gegebenheiten oder Gruppenaktivitäten – diese können auch aus der Bibliothek ausgeliehen sein).*

5.5 Es gibt einen *schriftlichen* Fortbildungsplan, in den *alle* pädagogischen Fachkräfte einbezogen sind.*

7.1 *Regelmäßige* Fortbildungen sind in der Einrichtung vorgesehen (z.B. Teamfortbildungen in der Einrichtung; Gastreferenten).*

7.2 *Gute* Fachbuchsammlung in der Kindertageseinrichtung enthält *aktuelle* Materialien zu einer *Vielzahl* von Themen über die frühe Kindheit.*

47. Fortbildungsmöglichkeiten

Ergänzende Hinweise

Zur Einschätzung dieses Merkmals sollten die pädagogischen Fachkräfte der Gruppe, nicht die pädagogische Leitung, befragt werden. Nur wenn die pädagogischen Fachkräfte *weniger als 12 Monate* in der Kindertageseinrichtung arbeiten und keine Auskunft geben können, sollte die pädagogische Leitung gefragt werden.

3.1, 5.1 Um diesen Aspekt als gegeben einzuschätzen, muss die Einarbeitung innerhalb von *sechs* Wochen nach der Einstellung erfolgen und sollte folgende Themen enthalten: Notfälle, Gesundheit und Sicherheitsvorschriften. Eine *»Gründliche Einarbeitung«* sollte nach einem verbindlichen Einarbeitungskonzept erfolgen und beinhaltet bspw. die Einarbeitung in die pädagogische Konzeption, die anfängliche Begleitung durch einen Paten, keine direkte Übernahme von Verantwortung in den ersten Wochen etc.

3.2 *»Gewisse* Möglichkeiten« bedeutet *mindestens einmal jährlich.*

3.3 Um diesen Aspekt als gegeben einzuschätzen, muss die pädagogische Leitung *mindestens alle zwei Monate* eine Teambesprechung durchführen, an der *alle* pädagogischen Fachkräfte teilnehmen.

5.4 *»Einige«* bedeutet, dass den pädagogischen Fachkräften *mindestens 25* Bücher, Zeitschriften oder audiovisuelle Materialien in gutem Zustand zur Verfügung stehen.

5.5 Mit einem *»Fortbildungsplan«* ist eine zukunftsorientierte, auf das Jahr bezogene *schriftliche* Fortbildungsplanung gemeint, in der alle pädagogischen Fachkräfte und die pädagogische Leitung einbezogen sind. Der Fortbildungsplan soll einen Überblick über alle angemeldeten Fortbildungen geben.

7.1 *»Regelmäßige Fortbildungen sind in der Kindertageseinrichtung vorgesehen«* meint (Inhouse-)Fortbildungen in der Kindertageseinrichtung mit allen pädagogischen Fachkräften. Interne Fortbildungen müssen *mindestens einmal im Jahr* stattfinden.

7.2 *»Aktuelle Materialien«* bedeutet, dass die Bücher innerhalb der *letzten 10 Jahre* und Zeitschriften und Magazine innerhalb der *letzten 2 Jahre* veröffentlicht wurden. Grundlagenwerke der Pädagogik und Entwicklungspsychologie, wie z.B. die Werke von Piaget und Erikson, stellen Ausnahmen dar. Um diesen Aspekt als gegeben einschätzen zu können, sind *mindestens 60 Bücher* und *3* Reihen von Zeitschriften erforderlich, die von der Kindertageseinrichtung gestellt werden.

Fragen

1.1, 3.1, 5.1 Wie werden neue pädagogische Fachkräfte eingearbeitet?

1.2, 3.2, 7.1 Gibt es für die pädagogischen Fachkräfte Möglichkeiten zur Fortbildung? Bitte beschreiben Sie diese.

1.3, 3.3, 5.3 Gibt es Teambesprechungen? Wie häufig finden diese statt? Um welche Themen geht es in der Regel in den Teambesprechungen?

5.4, 7.2 Gibt es in Ihrer Kindertageseinrichtung Fachbücher und/oder Informationsmaterialien, die zu neuen Ideen anregen? Welche Themen enthalten sie? *(bitte zeigen lassen.)*

5.2 Gibt es für die pädagogischen Fachkräfte Unterstützung zur Teilnahme an Fortbildungen, Kursen oder Seminaren? Bitte erläutern Sie, wie diese Unterstützung aussieht.

5.5 Gibt es in Ihrer Kindertageseinrichtung einen schriftlichen (zukunftsorientierten) Fortbildungsplan, in den alle pädagogischen Fachkräfte und die pädagogische Leitung einbezogen sind?

VII. Eltern und pädagogische Fachkräfte

48. Interne und externe Kommunikation

Unzureichend		Minimal		Gut		Ausgezeichnet
1	2	3	4	5	6	7

Unzureichend (1)

1.1. Kommunikation bei Teambesprechungen bezieht sich *überwiegend* auf organisatorische Fragen.*

1.2 Teambesprechungen finden *nur* in *großen Abständen* statt.*

1.3 *Kein* Versuch erkennbar, die pädagogische Arbeit für die Eltern transparent zu machen (z.B. *keine regelmäßigen* Elterngespräche, nur auf Nachfrage der Eltern; keine Dokumentation der pädagogischen Arbeit).

Minimal (3)

3.1 Kommunikation bei Teambesprechungen bezieht sich *mindestens zur Hälfte* auf pädagogische Fragen.*

3.2 Teambesprechungen finden nur in *geringen Abständen* statt.*

3.3 Individuelle Elterngespräche finden *mindestens einmal jährlich pro Kind* statt.*

3.4 Dokumentation der pädagogischen Arbeit ist vorhanden (z.B. Tagesplan; Wochenpläne; Fotodokumentation).

Gut (5)

5.1 Formelle Teambesprechungen mit fachlichem Austausch finden *häufig* statt (in großen Einrichtungen auch in Teilteams).*

5.2 Informeller fachlicher Austausch zwischen den pädagogischen Fachkräften bzw. mit der Leitung findet *täglich* statt.*

5.3 *Mindestens einmal jährlich* findet ein Entwicklungsgespräch mit den Eltern *jedes Kindes* statt.*

5.4 In Räumen/Fluren sind fachlich kommentierte (Foto-)Dokumentationen zur pädagogischen Arbeit in der Kindertageseinrichtung vorhanden.

Ausgezeichnet (7)

7.1 Teambesprechungen mit pädagogischen Themen finden *mindestens wöchentlich* statt (in großen Einrichtungen auch in Teilteams).

7.2 Es existiert ein Info-System zu relevanten Informationen über die einzelnen Kinder, das von den pädagogischen Fachkräften untereinander, wie auch für Gespräche mit Eltern genutzt wird (z.B. Hängeregister, Karteikarten, Portfolio).*

7.3 Entwicklungsgespräche finden *mindestens halbjährlich* statt.*

7.4 Räume und Flure werden für *umfassende und vielfältig* gestaltete Dokumentation der pädagogischen Arbeit genutzt (z.B. fachlich kommentierte (Foto-) Dokumentationen auf Collagen, Wandposter, Pinnwände, Tischflipcharts, in Projektordnern).

48. Interne und externe Kommunikation

Ergänzende Hinweise

1.1, 3.1 *»Überwiegend«* bedeutet, dass *75% und mehr* der Zeit in den Teambesprechungen und anderen Besprechungen auf organisatorische Fragen verwendet werden. Für den Aspekt *3.1* sollte sich der Anteil der organisatorischen Themen während der Teambesprechungen oder anderen Besprechungen auf höchstens *die Hälfte* der Zeit beziehen.

1.2, 3.2 *»Teambesprechungen finden nur in großen Abständen statt«* meint, dass Teambesprechungen nur *alle drei Monate oder seltener* stattfinden. Für *»geringe Abstände«* müssen Teambesprechungen *mindestens alle zwei Monate* stattfinden.

3.3 Das Elterngespräch muss sich nicht zwingend auf Bildungs- und Entwicklungsaspekte beziehen und sollte nicht nur auf Anfrage der Eltern stattfinden.

5.1 *»Formelle Teambesprechungen mit fachlichem Austausch«* meint Teambesprechungen mit fachlichem Inhalt, die *mindestens monatlich* stattfinden.

5.2 *»Informeller fachlicher Austausch«* meint z.B. Informationen über die Kinder, freie Beobachtungen von einzelnen Kindern und Austausch darüber mit Kolleginnen oder der pädagogischen Leitung.

5.3, 7.3 Entwicklungsgespräche beziehen sich speziell auf Bildungs- und Entwicklungsaspekte des Kindes und unterscheiden sich qualitativ von allgemeinen Elterngesprächen.

7.2 Ein Info-System kann sich auf unterschiedliche Bereiche beziehen und ein unterschiedliches Format haben, z.B. können in der Karteikarte des Kindes Informationen zu den Ernährungsvorschriften, Angaben zur Medikamentengabe oder zum Entwicklungsstand der Kinder aufgeführt sein. Auch spontane Beobachtungen und Dokumentationen können in dieses Info-System übertragen werden.

Fragen

1.1, 1.2, 3.1, 3.2, 5.1, 7.1 Wie oft finden Teambesprechungen im Gesamtteam bzw. Teilteam statt und welche Inhalte werden dort hauptsächlich besprochen? Wie oft finden Teambesprechungen mit ausschließlich pädagogischen Themen statt?

3.3, 5.3, 7.3 Wie häufig finden Elternabende oder Elterngespräche statt? Was besprechen Sie mit den Eltern?

5.2 Wie häufig findet im Team untereinander bzw. mit der Leitung ein informeller fachlicher Austausch statt?

7.2 Wie stellen Sie sicher, dass die pädagogischen Fachkräfte über alle relevanten Informationen über die Kinder in Ihrem Zuständigkeitsbereich (Ihrer Gruppe/Bereich) verfügen?

VIII. Übergänge

49. Eingewöhnung*

Unzureichend		Minimal		Gut		Ausgezeichnet
1	2	3	4	5	6	7

Unzureichend

1.1 Es findet *keine* Eingewöhnung statt.

Minimal

3.1 Es findet eine Eingewöhnung mit Beteiligung einer familiären Bezugsperson des Kindes statt.

3.2 Eltern werden vor Aufnahme des Kindes über die Bedeutung der Eingewöhnung für die kindliche Entwicklung informiert.

3.3 Eltern erhalten einrichtungsspezifische Informationen zur Eingewöhnungsphase.

3.4 Die Gestaltung der Eingewöhnungsphase sieht *gestaffelte* Anwesenheitszeiten der Kinder vor.*

3.5 Jedes Eingewöhnungskind hat eine feste Bezugserzieherin, die auch Ansprechpartnerin für die Eltern ist.

Gut

5.1 Die Eingewöhnungsphase wird *individuell* auf die Bedürfnisse des Kindes und der Familie bezogen gestaltet.*

5.2 Die Anwesenheitszeit der Kinder in der Gruppe wird allmählich erhöht und die Anwesenheitszeit der familiären Bezugsperson reduziert.

5.3 Die stundenweise Anwesenheit der Kinder orientiert sich an bestimmte Routinen im Tagesablauf der Gruppe (z.B. anfangs Anwesenheit in der Spielphase, später beim Essen und zuletzt beim Schlafen).

5.4 Es findet *täglich* ein Austausch mit den Eltern bzw. familiären Bezugspersonen während der Eingewöhnungsphase statt.

Ausgezeichnet

7.1 Eltern werden vor Aufnahme des Kindes über das Eingewöhnungskonzept der Einrichtung und die Bedeutung der Eingewöhnungsphase *schriftlich* informiert (z.B. durch Flyer, Broschüre, Eingewöhnungskonzept).

7.2 Bezugserzieherin wird bereits vor Aufnahme des Kindes in die Planung der Eingewöhnungsphase einbezogen.

7.3 Pädagogische Fachkraft beobachtet jedes Kind sorgfältig, dokumentiert ihre Beobachtungen und führt mit den Eltern zum Ende der Eingewöhnung ein Abschlussgespräch.

49. Eingewöhnung

Ergänzende Hinweise

NA möglich, wenn kein Kind in den *letzten 12 Monaten* von außen (z.B. aus der Familie, aus der Kindertagespflege, aus einer anderen Kindertageseinrichtung) in die Gruppe aufgenommen wurde.
Die beschriebenen Aspekte orientieren sich am Berliner Eingewöhnungsmodell. Die pädagogischen Fachkräfte müssen die Eingewöhnung nicht zwingend nach diesem Modell ausrichten, jedoch sollten die Fachkräfte das von ihnen angewendete Eingewöhnungsmodell mit Inhalten füllen und die Umsetzung hinreichend darlegen können.

3.4 »*Gestaffelte Anwesenheitszeiten*« bedeutet, dass die Anwesenheitszeiten der Kinder schrittweise ausgedehnt und die Kinder nicht parallel eingewöhnt werden.
3.5 Das Kind kann sich ggf. auch selbst für eine Bezugserzieherin entscheiden, die dann verlässlich in der Eingewöhnungszeit zur Verfügung stehen sollte.
5.1 »*Kind- und familienbezogen*« bedeutet, dass die Bedürfnisse der Kinder im Vordergrund stehen, aber auch Trennungsprobleme der Eltern angemessen berücksichtigt werden. Für ein Eingewöhnungskind sollte möglichst nur eine, jedoch nicht mehr als zwei pädagogische Fachkräfte verantwortlich sein. Mit »*individuell*« ist nicht gemeint, dass Eltern die Eingewöhnungszeit abkürzen oder verweigern.

Fragen

Allgemein: Ist in den letzten 12 Monaten ein Kind in die Gruppe aufgenommen worden, das vorher nicht diese Kindertageseinrichtung besucht hat?

1.1, 3.1, 3.4, 5.1, 5.2, 5.3 Gibt es für die Kinder Ihrer Gruppe eine Eingewöhnungsphase? Wenn ja, wie sieht die Gestaltung der Eingewöhnungsphase aus?
3.2 Informieren Sie die Eltern bei der Anmeldung über die Bedeutung der Eingewöhnung für die kindliche Entwicklung? Wenn ja, wie?
3.3, 7.1 Erhalten die Eltern einrichtungsspezifische Informationen zur Eingewöhnungsphase, d.h. dazu, wie die Eingewöhnung in Ihrer Kindertageseinrichtung/Gruppe abläuft?
3.5, 7.2 Gibt es für das jeweilige Eingewöhnungskind eine zuständige Bezugserzieherin? Wie wird dies gehandhabt? Wird die Bezugserzieherin bereits vor Aufnahme des Kindes in die Planung der Eingewöhnungsphase miteinbezogen?
5.4 Findet ein täglicher Austausch mit den Eltern bzw. familiären Bezugsperson während der Eingewöhnungsphase statt? Wenn ja: Wie häufig tauschen Sie sich aus?
7.3 Führen Sie Beobachtungen während der Eingewöhnung durch? Wenn ja, inwiefern dokumentieren Sie diese? Führen Sie ein Abschlussgespräch mit den Eltern bzw. familiären Bezugsperson zum Ende der Eingewöhnungsphase?

50. Kontinuität der pädagogischen Fachkräfte

Unzureichend		Minimal		Gut		Ausgezeichnet
1	2	3	4	5	6	7

Unzureichend (1)

1.1 Kinder müssen sich an *viele* pädagogische Fachkräfte gewöhnen, ohne eine stabile Bezugserzieherin zu haben (z.B. *viele verschiedene* pädagogische Fachkräfte arbeiten in einer Gruppe; häufige Personalwechsel).*

1.2 *Die meisten* Kinder wechseln *mehr als zweimal im Jahr* die Gruppe.

1.3 Wechsel in eine neue Gruppe oder zu einer neuen pädagogischen Fachkraft ist abrupt, ohne Vorbereitung für die Kinder (z.B. keine Zeit vor dem Wechsel, um die neue pädagogische Fachkraft kennen zu lernen; keine Zeit zur Gewöhnung an neuen Tagesablauf oder Gruppenraum).
NA möglich*

1.4 Häufiger Einsatz von Vertretungskräften, die weder die Kinder noch die Einrichtung kennen.*

Minimal (3)

3.1 Kontinuität ist gewährleistet durch den Einsatz von *ein bis zwei* pädagogischen Fachkräften, die *jeden Tag* in der Gruppe sind (z.B. die pädagogischen Fachkräfte einer Gruppe stimmen Arbeitspläne ab, so dass immer eine von ihnen anwesend ist).

3.2 Kinder wechseln *selten* in neue Gruppen *oder* pädagogische Fachkräfte wechseln nicht häufiger als *zweimal im Jahr* die Kindergruppe.

3.3 *Einige* Vorkehrungen, um den Übergang der Kinder in neue Gruppen oder zu neuen pädagogischen Fachkräften zu erleichtern.
NA möglich*

3.4 Eingesetzte Vertretungskräfte, die die Kinder und die Einrichtung nicht kennen, übernehmen *keine* Verantwortung für die Gruppe.*

Gut (5)

5.1 Nur *sehr wenige (zwei bis drei)* Personen arbeiten *zusätzlich* zu den kon-tinuierlichen pädagogischen Fachkräften mit den Kindern (z.B. wird die Anzahl von Freiwilligen oder (Berufs-)Praktikantinnen begrenzt; Gruppe wird immer von derselben Vertretungskraft betreut).

5.2 Kinder werden üblicherweise von *einer* pädagogischen Fachkraft *und* in *derselben* Gruppe für *mindestens ein* Jahr betreut.

5.3 Wechsel in eine neue Gruppe *oder* zu einer neuen pädagogischen Fachkraft verläuft schrittweise und unter Anwesenheit einer bekannten pädagogischen Fachkraft (z.B. neue pädagogische Fachkräfte arbeiten in einer Übergangszeit gemeinsam mit der Fachkraft, welche die Gruppe verlässt).
NA möglich*

5.4 Kontinuierlich eingesetzte Vertretungskräfte sind mit den Kindern und der Einrichtung vertraut.*

Ausgezeichnet (7)

7.1 Für eine kleine Gruppe von Kindern ist *vorrangig* eine pädagogische Fachkraft zuständig (z.B. werden die meisten Pflegeroutinen von der Bezugserzieherin des Kindes ausgeführt; Bezugserzieherin des Kindes plant Aktivitäten für dieses und bespricht sich mit den Eltern).

7.2 Kinder haben die Möglichkeit, mit *derselben* pädagogischen Fachkraft *und* in *derselben* Kindergruppe *mehr als ein Jahr* zu verbringen.

7.3 Ausreichend festangestellte pädagogische Fachkräfte in der Einrichtung, so dass nicht auf Vertretungskräfte von außen zur Betreuung der Kinder zurückgegriffen werden muss (z.B. eine Vertretungskraft ist in der Einrichtung verfügbar, um in Krankheitsfällen die Gruppe zu betreuen).*

50. Kontinuität der pädagogische Fachkräfte

Ergänzende Hinweise

1.1 Wenn nicht *mindestens eine* Bezugsperson anwesend ist, welche die Kinder *täglich* für *über 50%* der Zeit betreut, und sich die Kinder *täglich* oder *wöchentlich* auf viele verschiedene pädagogische Fachkräfte einstellen müssen, wird der Aspekt mit *Ja* eingeschätzt.

1.3, 3.3, 5.3 NA möglich, wenn kein Wechsel zu einer neuen Gruppe oder pädagogischen Fachkraft erfolgt.

1.4 *»Häufiger Einsatz«* bedeutet, dass in *mindestens 75%* der Zeit Vertretungskräfte eingesetzt werden.

1.4, 3.4, 5.4, 7.3 *»Vertretungskräfte«* sind externe Fachkräfte, die nicht zum festen Team der Kindertageseinrichtung gehören und in der Einrichtung aushelfen, da nicht genügend festangestellte (interne) Fachkräfte zur Verfügung stehen (z.B. durch Springerpool des Trägers, Zeitarbeitsfirma).

Fragen

1.1, 3.1, 5.1 Wie viele pädagogische Fachkräfte arbeiten täglich in/mit dieser Gruppe? Wer sind die pädagogischen Fachkräfte, die hauptsächlich in/mit dieser Gruppe arbeiten?

1.2, 3.2, 5.2, 7.2 Wie häufig wechseln die Kinder in eine andere Gruppe? Kann ein Kind länger als ein Jahr in derselben Gruppe bleiben und durch dieselben pädagogischen Fachkräfte betreut werden?

1.3, 3.3, 5.3 Wie wird der Übergang in eine neue Gruppe gestaltet?

1.4, 3.4, 5.4, 7.3 Wie häufig werden Vertretungskräfte benötigt? Welche Mitarbeiter kommen hierfür in Frage? Wie werden sie auf ihre Aufgabe vorbereitet?

51. Übergang in die Grundschule*

Unzureichend		Minimal		Gut		Ausgezeichnet
1	2	3	4	5	6	7

1.1 Der Übergang in die Grundschule wird mit den Kindern *nicht* thematisiert.

1.2 Es findet *kein* spezieller Abschied von den Kindern der Gruppe, der pädagogischen Fachkraft und der Kindertageseinrichtung statt.

1.3 Der Übergang in die Grundschule findet *keinerlei* Berücksichtigung in Elterngesprächen bzw. auf Elternabenden.

1.4 Der Themenbereich *Übergang in die Grundschule* wird in der pädagogischen Konzeption *nicht* berücksichtigt.

1.5 *Keine* Materialien/Ausgestaltung vorhanden, die die zukünftigen Schulkinder zum Lernen anregen.

3.1 Der Übergang in die Grundschule wird mit den Kindern und der Gruppe thematisiert.

3.2 Die pädagogische Fachkraft verabschiedet sich in besonderer Weise von den Kindern, welche die Kindertageseinrichtung verlassen, und von den Eltern (z.B. Abschlussfeier, Zuckertütenfest).

3.3 Die pädagogische Fachkraft thematisiert den Übergang zur Grundschule mit den Eltern (z.B. in Gesprächen; auf einem Elternabend zu Beginn des letzten Kindergartenjahres).

3.4 Die Konzeption enthält Aussagen zum Übergang in die Grundschule und dessen Gestaltung.

3.5 *Einige* Materialien/Ausgestaltung für die zukünftigen Schulkinder zugänglich (z.B. Schreibutensilien, Schrift- und Zahlenmaterial, Materialien zum Experimentieren, Zahlen-/Buchstabenposter).

5.1 Die pädagogische Fachkraft thematisiert mit den Kindern ihre Vorstellungen und die Situation in der Schule (z.B. in Gesprächen; bei Aktivitäten und Ausflügen; durch Materialien wie Bücher oder Bilder).

5.2 Die pädagogische Fachkraft gestaltet *gemeinsam* mit den Kindern und Eltern den Abschied von der Kindertageseinrichtung und setzt deren Wünsche um.

5.3 Die pädagogische Fachkraft führt im letzten Kindergartenjahr mit den Eltern der zukünftigen Schulkinder ein Bildungs- und Entwicklungsgespräch im Hinblick auf den Übergang in die Schule.

5.4 Die Konzeption enthält Aussagen zur Zusammenarbeit und Kooperation mit der Grundschule.

5.5 *Viele* Materialien zugänglich, die die zukünftigen Schulkinder zum systematischen Lernen anregen (z.B. Materialien zum Schriftspracherwerb, Materialien zum Umgang mit Zahlen und Buchstaben, naturwissenschaftliches Lernen und Experimentieren).

7.1 Die pädagogische Fachkraft plant gemeinsam mit den Kindern, wie sie ihre Schule kennenlernen wollen und setzt die Wünsche der Kinder um (z.B. in Form von Besuchen, Fragen an die Schulkinder).
NA möglich*

7.2 Die pädagogische Fachkraft hält mit den Kindern und Eltern einen Rückblick auf die Kita-Zeit und überreicht ihnen (Bildungs-)Dokumentationen und Werke des Kindes in einem feierlichen Rahmen.

7.3 Im letzten Kindergartenjahr findet ein Austausch zwischen den pädagogischen Fachkräften und der kooperierenden Grundschule statt (z.B. durch gegenseitige Besuche; Teilnahme an Teambesprechungen in der Kita, Konferenzen in der Schule).
NA möglich*

7.4 In der Konzeption wird die enge Zusammenarbeit mit den Eltern vor dem Wechsel in die Grundschule thematisiert.

51. Übergang in die Grundschule

Ergänzende Hinweise

NA möglich, falls ein Übergang in die Grundschule im aktuellen Kindergartenjahr nicht bevorsteht.

7.1 NA möglich, wenn die Entfernung zur Grundschule zu groß ist oder die Grundschule vorherige Besuche nicht unterstützt
7.3 NA möglich, wenn die Grundschule die Bemühungen der Kindertageseinrichtung nicht unterstützt.

Fragen

Allgemein: Gibt es in Ihrer/m Gruppe/Bereich Kinder, die im aktuellen Kindergartenjahr die Kindertageseinrichtung verlassen, weil sie in die Schule wechseln?

1.1, 3.1, 5.1 Thematisieren Sie mit den Kindern den bevorstehenden Übergang in die Grundschule? Falls ja, welche Inhalte greifen Sie auf? Sprechen Sie mit den Kindern über die Situation und die Abläufe in der Grundschule und deren Vorstellungen hierüber?
1.2, 3.2, 5.2, 7.2 Gibt es einen speziellen Abschied vom Kind und seinen Eltern? Wie werden die Kinder verabschiedet, wenn sie die Kindertageseinrichtung verlassen?
1.3, 3.3, 5.3 Thematisieren Sie den Übergang in die Schule mit den Eltern der Schulkinder? Wie wird dies gehandhabt?
1.4, 3.4, 5.4, 7.4 Ist der Übergang in die Grundschule ein Bestandteil Ihrer pädagogischen Konzeption? Können Sie erläutern, inwiefern der Übergang dort beschrieben ist?
7.1 Haben die zukünftigen Schulkinder die Möglichkeit, ihre Grundschule gemeinsam mit Ihnen kennen zu lernen?
7.3 Hat Ihre Kindertageseinrichtung eine Kooperation mit einer Grundschule? Wenn ja, wie sieht Ihre Kooperation aus? Gibt es einen vorherigen Austausch über die zukünftigen Schulkinder?

Kindergarten-Skala (KES-RZ) Einschätzbogen

Datum der Einschätzung: .... : .... : .... Beobachtungszeit: von .... : .... bis .... : ....

Name der/des Beobachters/in: .... Interviewzeit: von .... : .... bis .... : ....

Name der Kindertageseinrichtung: ....

Name der Gruppe/Bereich: ....

Namen der pädagogischen Fachkräfte: ....

Öffnungszeiten der Gruppe/des Bereichs von .... : .... bis .... : ....

Gruppenstruktur: ☐ Gruppenarbeit ☐ teiloffene Arbeit, zusammen mit Gruppe/Bereich: .... ☐ offene Arbeit

Anzahl der anwesenden pädagogischen Fachkräfte in der Gruppe/im Bereich: ....

Anzahl *angemeldeter* Kinder: .... Alter des jüngsten Kindes: .... Jahre .... Monate

Anzahl *anwesender* Kinder: .... Alter des ältesten Kindes: .... Jahre .... Monate

Anzahl der Kinder in der Gruppe mit erhöhtem Förderbedarf (gemäß §54 SGB XII, §35a SGB VIII): ....

Körperliche Behinderung: .... Geistige Behinderung: ....
Hörbehinderung: .... Sprachstörung: ....
Sehschädigung: .... Andere: ....
Allgemeine Entwicklungsverzögerung: ....

Anzahl der Räume (außer Sanitärräume), die zur Betreuung der Kinder in der Gruppe/Bereich genutzt werden: ....

Bitte Räume nennen: ....

Größe der Räume (außer Sanitärräume), die ausschließlich von der Gruppe/Bereich genutzt werden, in m²:................. Größe des Außenbereichs in m²: ....

Platz für Anmerkungen

Die Aspekte werden eingeschätzt mit:
J = Ja, die Beschreibung trifft zu
N = Nein, die Beschreibung trifft nicht zu
NA = Nicht anwendbar

Hinweis:
Die Fragezeichen (»?«) neben einzelnen Qualitätsaspekten bedeuten, dass in der Kindergarten-Skala (KES-RZ) Beispielfragen zur Erfassung dieser Qualitätsaspekte enthalten sind.

Einschätzungen	Anmerkungen

I. Räume und Ausstattung

1. Innenraum

1 2 3 4 5 6 7

	J	N			J	N	NA			J	N			J	N
1.1	☐	☐		3.1	☐	☐			5.1	☐	☐		7.1	☐	☐
1.2	☐	☐		3.2	☐	☐			5.2	☐	☐		7.2	☐	☐
1.3	☐	☐		3.3	☐	☐			5.3	☐	☐				
1.4	☐	☐		3.4	☐	☐									
				3.5	☐	☐	☐								

Anmerkungen:

1.1 Anzahl der angemeldeten Kinder: ....

Größe des Raumes bzw. der Räume (m^2): ....

2. Mobiliar für Pflege, Spiel und Lernen

1 2 3 4 5 6 7

	J	N		J	N	NA		J	N	NA		J	N
1.1	☐	☐	3.1	☐	☐		5.1	☐	☐		7.1	☐	☐
1.2	☐	☐	3.2	☐	☐		5.2	☐	☐		7.2	☐	☐ ?
			3.3	☐	☐	☐	5.3	☐	☐		7.3	☐	☐
							5.4	☐	☐	☐			
							5.5	☐	☐				

Anmerkungen:

5.1 Kindgerechte Größe:

..... (Anzahl kindgerechter Ausstattung) ÷ ..... (Anzahl Kinder) = ...% (kindgerecht)

3. Ausstattung für Entspannung und Behaglichkeit

1 2 3 4 5 6 7

	J	N		J	N		J	N		J	N
1.1	☐	☐	3.1	☐	☐	5.1	☐	☐	7.1	☐	☐
1.2	☐	☐	3.2	☐	☐	5.2	☐	☐	7.2	☐	☐
						5.3	☐	☐			

Anmerkungen:

5.1 Gesamte Dauer für die Nutzung der Kuschelecke am Tag: ..... : ..... (Stunden:Minuten)

Einschätzungen	Anmerkungen

4. Raumgestaltung

1 2 3 4 5 6 7

	J	N	NA
1.1	☐	☐	
1.2	☐	☐	
3.1	☐	☐	
3.2	☐	☐	
3.3	☐	☐	
3.4	☐	☐	☐
5.1	☐	☐	
5.2	☐	☐	
5.3	☐	☐	
7.1	☐	☐	
7.2	☐	☐	
7.3	☐	☐ ?	

Art und Anzahl der Funktionsbereiche/-räume:

	Art der Funktionsbereiche/-räume	Anzahl
1		
2		
3		
4		
5		
Weitere:		

5. Rückzugsmöglichkeiten

1 2 3 4 5 6 7

	J	N
1.1	☐	☐
3.1	☐	☐
3.2	☐	☐
5.1	☐	☐
5.2	☐	☐
7.1	☐	☐
7.2	☐	☐ ?

5.2 Gesamte Dauer für die Nutzung des Rückzugsbereichs am Tag:
.... : .... (Stunden:Minuten)

6. Kindbezogene Ausgestaltung

1 2 3 4 5 6 7

	J	N
1.1	☐	☐
1.2	☐	☐
3.1	☐	☐
3.2	☐	☐
5.1	☐	☐ ?
5.2	☐	☐
5.3	☐	☐
7.1	☐	☐
7.2	☐	☐

Einschätzungen	Anmerkungen

7. Platz für Bewegungsaktivitäten

1 2 3 4 5 6 7

	J	N		J	N		J	N		J	N
1.1	☐	☐	3.1	☐	☐	5.1	☐	☐ ?	7.1	☐	☐
1.2	☐	☐	3.2	☐	☐	5.2	☐	☐	7.2	☐	☐
						5.3	☐	☐	7.3	☐	☐

1.2, 3.2 Sicherheitsmängel:

	Schwerwiegende	Kleinere
draußen		
drinnen		

8. Ausstattung für Bewegungsaktivitäten

1 2 3 4 5 6 7

	J	N		J	N		J	N	NA		J	N
1.1	☐	☐	3.1	☐	☐	5.1	☐	☐		7.1	☐	☐
1.2	☐	☐	3.2	☐	☐	5.2	☐	☐		7.2	☐	☐
1.3	☐	☐	3.3	☐	☐	5.3	☐	☐	☐			

Gesamtanzahl der Kinder in der Kindertageseinrichtung: ....

3.1 Gesamte Dauer für den Zugang zur Ausstattung: .... : .... (Stunden:Minuten)
drinnen: .... : .... draußen: .... : ....

5.2 Mögliche Bewegungsformen:

1		6	
2		7	
3		8	
4		9	
5		weitere	

7.1 Ausstattungselemente:

Fest installiert	
Beweglich	

Einschätzungen	Anmerkungen

II. Pflege und Routinen

9. Begrüßung und Verabschiedung

1 2 3 4 5 6 7

	J	N			J	N			J	N	NA			J	N	NA
1.1	☐	☐		3.1	☐	☐		5.1	☐	☐			7.1	☐	☐	
1.2	☐	☐		3.2	☐	☐		5.2	☐	☐			7.2	☐	☐	
1.3	☐	☐		3.3	☐	☐		5.3	☐	☐	☐		7.3	☐	☐	☐

1.1, 3.1, 5.1, 5.3, 7.3 Beobachtete Begrüßungs- und Verabschiedungssituationen:

Begrüßung/Verabschiedung der	Beobachtete Situationen
Kinder	
Eltern/Familienmitglieder	

10. Mahlzeiten und Zwischenmahlzeiten

1 2 3 4 5 6 7

	J	N	NA		J	N	NA		J	N	NA		J	N
1.1	☐	☐		3.1	☐	☐		5.1	☐	☐		7.1	☐	☐
1.2	☐	☐		3.2	☐	☐		5.2	☐	☐		7.2	☐	☐
1.3	☐	☐		3.3	☐	☐		5.3	☐	☐		7.3	☐	☐
1.4	☐	☐		3.4	☐	☐		5.4	☐	☐				
1.5	☐	☐	☐ ?	3.5	☐	☐	☐ ?	5.5	☐	☐	☐ ?			
				3.6	☐	☐	☐	5.6	☐	☐	☐			

1.3, 3.3, 5.3 Beobachtetes Händewaschen:

	Vorher	Nachher
Kinder		
Pädagogische Fachkräfte		

Desinfizierung von Oberflächen (falls notwendig): ....

Andere Besonderheiten: ....

11. Ruhe- und Schlafzeiten

1 2 3 4 5 6 7 NA

	J	N		J	N		J	N		J	N
1.1	☐	☐	3.1	☐	☐	5.1	☐	☐	7.1	☐	☐
1.2	☐	☐	3.2	☐	☐	5.2	☐	☐	7.2	☐	☐ ?
1.3	☐	☐	3.3	☐	☐ ?	5.3	☐	☐ ?			
			3.4	☐	☐ ?						

5.3 Abstand der Betten/Schlafmatten voneinander: .... cm

Einschätzungen	Anmerkungen

12. Toilette/Wickeln

1	2	3	4	5	6	7

	J	N		J	N		J	N		J	N
1.1	☐	☐	3.1	☐	☐	5.1	☐	☐	7.1	☐	☐
1.2	☐	☐	3.2	☐	☐	5.2	☐	☐	7.2	☐	☐
1.3	☐	☐	3.3	☐	☐	5.3	☐	☐			
1.4	☐	☐	3.4	☐	☐	5.4	☐	☐			
			3.5	☐	☐						

1.3, 3.3 Beobachtetes Händewaschen:

	Pädagogische Fachkräfte	Kinder
Nach Toilette		
Nach Wickeln		

3.1 Hygienische Bedingungen:

	Beobachtete Situationen
Gespülte Toiletten	
Desinfizierung von Oberflächen (falls notwendig)	
Andere Besonderheiten	

13. Maßnahmen zur Gesundheitsvorsorge

1	2	3	4	5	6	7

	J	N		J	N		J	N		J	N	NA
1.1	☐	☐	3.1	☐	☐	5.1	☐	☐	7.1	☐	☐	
1.2	☐	☐	3.2	☐	☐	5.2	☐	☐	7.2	☐	☐	☐ ?
			3.3	☐	☐	5.3	☐	☐				
			3.4	☐	☐ ?							

1.1, 3.1, 3.3 Beobachtetes Händewaschen:

	Pädagogische Fachkräfte	Kinder
beim Zurückkommen von draußen		
nach dem Sand-/Wasserspiel oder anderen Spielen, bei denen die Kinder schmutzig werden		
nach dem Kontakt mit Körperflüssigkeiten		
nach dem Berühren von verschmutzten Gegenständen (z.B. Mülleimer) oder Tieren		

Einschätzungen	Anmerkungen

14. Sicherheit

1 2 3 4 5 6 7

	J	N	NA		J	N		J	N		J	N
1.1	☐	☐		3.1	☐	☐	5.1	☐	☐	7.1	☐	☐
1.2	☐	☐	☐	3.2	☐	☐	5.2	☐	☐ ?	7.2	☐	☐
1.3	☐	☐		3.3	☐	☐						

1.1, 3.1 Sicherheitsmängel:

	Schwerwiegende	Kleinere
draußen		
drinnen		

III. Sprachliche und kognitive Anregungen

15. Nutzung von Büchern und Bildern

1 2 3 4 5 6 7

	J	N		J	N		J	N		J	N
1.1	☐	☐	3.1	☐	☐	5.1	☐	☐	7.1	☐	☐ ?
1.2	☐	☐	3.2	☐	☐	5.2	☐	☐	7.2	☐	☐ ?
						5.3	☐	☐			
						5.4	☐	☐			
						5.5	☐	☐			

5.1 Gesamte Dauer für die Nutzung von Büchern und Bildern: .... : .... (Stunden:Minuten)

5.1 Themenbereiche von Büchern:

	Anzahl der Bücher
Bücher über Fantasie- und Sachgeschichten	
Geschichten über Menschen, Fähigkeiten	
Bücher über Tiere und (Natur-)Wissenschaft	
Bücher über verschiedene Ethnien und Kulturen	

5.4 Unangemessene Bücher (z.B. Gewaltdarstellung)?..

5.5 Informelles Vorlesen ...... mal beobachtet.

16. Anregung zur Kommunikation

1 2 3 4 5 6 7

	J	N		J	N		J	N		J	N
1.1	☐	☐	3.1	☐	☐	5.1	☐	☐	7.1	☐	☐
1.2	☐	☐	3.2	☐	☐	5.2	☐	☐	7.2	☐	☐ ?
			3.3	☐	☐						

5.1 Beispiele für Anregungen zur Kommunikation:

	Beobachtete Situationen
im Freispiel	
bei Gruppenaktivitäten	

7.2 Beispiele für die Verbindung von gesprochener und geschriebener Sprache (Schriftsprache):

....

Einschätzungen	Anmerkungen

17. Nutzung der Sprache zur Entwicklung kognitiver Fähigkeiten

1 2 3 4 5 6 7

	J	N		J	N		J	N		J	N
1.1	☐	☐	3.1	☐	☐	5.1	☐	☐	7.1	☐	☐
1.2	☐	☐	3.2	☐	☐	5.2	☐	☐	7.2	☐	☐

3.1, 5.1, 5.2 Beispiele für ....

	Beobachtete Situationen
Gespräche über logische Zusammenhänge oder Inhalte von Begriffen	
Anregungen der Kinder, ihre Gedanken zu äußern	

18. Allgemeiner Sprachgebrauch

1 2 3 4 5 6 7

	J	N		J	N		J	N		J	N
1.1	☐	☐	3.1	☐	☐	5.1	☐	☐	7.1	☐	☐
1.2	☐	☐	3.2	☐	☐	5.2	☐	☐	7.2	☐	☐
1.3	☐	☐				5.3	☐	☐			
						5.4	☐	☐			

5.3, 7.2 Beispiele für ....

	Beobachtete Situationen
Erweiterung der Ideen der Kinder durch die pädagogische Fachkraft	
Fragen, die längere und komplexere Antworten erfordern	

IV. Aktivitäten

19. Feinmotorische Aktivitäten

1 2 3 4 5 6 7

	J	N		J	N		J	N		J	N
1.1	☐	☐	3.1	☐	☐	5.1	☐	☐	7.1	☐	☐ ?
1.2	☐	☐	3.2	☐	☐	5.2	☐	☐	7.2	☐	☐
						5.3	☐	☐			

5.1 Gesamte Dauer für den Zugang zu den Materialien: ...... : ...... (Stunden:Minuten)

5.1 Arten von Materialien:

	3-5 Beispiele jeder Art
Kleine Bau- und Steckspielzeuge zum In- und Aneinanderfügen	
Materialien zum kreativen Gestalten	
Manipulative Materialien	
Puzzles	

Einschätzungen	Anmerkungen

20. Künstlerische Aktivitäten

1 2 3 4 5 6 7

	J	N
1.1	☐	☐
1.2	☐	☐

	J	N
3.1	☐	☐
3.2	☐	☐

	J	N
5.1	☐	☐
5.2	☐	☐

	J	N
7.1	☐	☐ ?
7.2	☐	☐ ?
7.3	☐	☐ ?

5.1 Gesamte Dauer für den Zugang zu den Materialien: ...... : ...... (Stunden:Minuten)

5.1 Arten von Materialien:

	3-5 Beispiele von vier der fünf Arten
Materialien zum Zeichnen	
Materialien zum Malen	
Dreidimensionale Materialien	
Materialien für Collagen	
Hilfsmittel	

21. Musik und Bewegung

1 2 3 4 5 6 7

	J	N
1.1	☐	☐
1.2	☐	☐

	J	N
3.1	☐	☐
3.2	☐	☐ ?
3.3	☐	☐ ?

	J	N
5.1	☐	☐
5.2	☐	☐ ?

	J	N
7.1	☐	☐
7.2	☐	☐ ?
7.3	☐	☐ ?

3.1, 5.1 Gesamte Dauer für den Zugang zu den Materialien: ...... : ...... (Stunden:Minuten)

5.1 Arten von Materialien:

	3-5 Beispiele jeder Art
Instrumente	
Musik und Geräte zum Musikhören	
Materialien für Bewegungs- und Tanzaktivitäten	

7.1 Musikalische Aktivitäten:

	Beispiele/Beobachtete Situationen
Zur freien Auswahl	
In der Gruppe	

Einschätzungen	Anmerkungen

22. Bausteine

1 2 3 4 5 6 7

	J	N			J	N			J	N			J	N
1.1	☐	☐		3.1	☐	☐		5.1	☐	☐		7.1	☐	☐
				3.2	☐	☐		5.2	☐	☐		7.2	☐	☐
				3.3	☐	☐		5.3	☐	☐		7.3	☐	☐ ?
								5.4	☐	☐				

5.5 Gesamte Dauer für den Zugang zu der/dem Bauecke/-bereich: ..... : ..... (Stunden:Minuten)

7.1 Arten von Bausteinen:

	2 Arten von Bausteinen
Unterschiedliche Bausteine	
Großformatige Bausteine	
Selbstgemachte Bausteine	
Andere	

23. Sand/Wasser

1 2 3 4 5 6 7

	J	N			J	N			J	N			J	N
1.1	☐	☐		3.1	☐	☐ ?		5.1	☐	☐		7.1	☐	☐
1.2	☐	☐ ?		3.2	☐	☐ ?		5.2	☐	☐ ?		7.2	☐	☐ ?
								5.3	☐	☐				

3.1, 5.1, 7.1 Vorkehrungen für ... :

	Innenbereich	Außenbereich
Sand		
Wasser		

5.3 Gesamte Dauer für die Nutzung von Sand und/oder Wasser: ..... : ..... (Stunden:Minuten)

Einschätzungen	Anmerkungen

24. Rollenspiel

1 2 3 4 5 6 7

	J	N
1.1	☐	☐
3.1	☐	☐
3.2	☐	☐
3.3	☐	☐
5.1	☐	☐
5.2	☐	☐
5.3	☐	☐
5.4	☐	☐
7.1	☐	☐ ?
7.2	☐	☐
7.3	☐	☐ ?
7.4	☐	☐ ?

5.1 Beispiele von Materialien:

Themenbereiche	Materialien
Häusliche Situationen	
Themen aus der Arbeits- und Berufswelt	
Fantasie	
Freizeit	
Geschlechtstypische Requisiten	

5.2 Gesamte Dauer für Rollenspiele: ...... : ...... (Stunden:Minuten)

5.3 Themen für Rollenspiele (mind. 2):

1	
2	
Weitere:	

25. Naturerfahrungen/Sachwissen

1 2 3 4 5 6 7

	J	N
1.1	☐	☐
1.2	☐	☐ ?
3.1	☐	☐
3.2	☐	☐
3.3	☐	☐ ?
3.4	☐	☐ ?
5.1	☐	☐
5.2	☐	☐
5.3	☐	☐
5.4	☐	☐
5.5	☐	☐ ?
7.1	☐	☐ ?
7.2	☐	☐ ?
7.3	☐	☐ ?

5.1 Arten von Materialien:

	3-5 Beispiele jeder Art
Sammlungen von Naturgegenständen	
Pflanzen oder Tiere	
Bücher, Spiele oder Spielzeuge	
Aktivitäten wie Kochen oder einfache Experimente	

5.2 Gesamte Dauer für Naturerfahrungen/Sachwissen: ...... : ...... (Stunden:Minuten)

Einschätzungen	Anmerkungen

26. Mathematisches Verständnis

1 2 3 4 5 6 7

	J	N		J	N		J	N		J	N
1.1	☐	☐	3.1	☐	☐	5.1	☐	☐	7.1	☐	☐ ?
1.2	☐	☐	3.2	☐	☐	5.2	☐	☐	7.2	☐	☐ ?
						5.3	☐	☐			
						5.4	☐	☐			

5.1: Arten von Materialien:

	3-5 Beispiele jeder Art
Zählen	
Messen	
Vergleichen von Mengen	
Erkennen von Formen	
Zahlen/Ziffern	

5.2 Gesamte Dauer für mathematische Aktivitäten/Spiele: ...... : ...... (Stunden:Minuten)

27. Nutzung von Medien

1 2 3 4 5 6 7 NA

	J	N		J	N		J	N	NA		J	N	NA
1.1	☐	☐ ?	3.1	☐	☐ ?	5.1	☐	☐ ?		7.1	☐	☐	☐ ?
1.2	☐	☐ ?	3.2	☐	☐ ?	5.2	☐	☐	☐	7.2	☐	☐ ?	
			3.3	☐	☐ ?	5.3	☐	☐ ?					
						5.4	☐	☐					

28. Kulturelle Vielfalt und Diversität

1 2 3 4 5 6 7

	J	N		J	N		J	N		J	N
1.1	☐	☐	3.1	☐	☐	5.1	☐	☐	7.1	☐	☐
1.2	☐	☐	3.2	☐	☐	5.2	☐	☐	7.2	☐	☐ ?
1.3	☐	☐	3.3	☐	☐						

3.1, 5.1 Kategorien von Materialien:

	Beispiele
Ethnien	
Kulturen	
Altersgruppen	
Fähigkeiten	
Geschlecht	

Einschätzungen	Anmerkungen

V. Interaktionen

29. Beaufsichtigung und Begleitung bei Bewegungsaktivitäten

1 2 3 4 5 6 7

	J	N		J	N		J	N		J	N
1.1	☐	☐	3.1	☐	☐	5.1	☐	☐	7.1	☐	☐
1.2	☐	☐	3.2	☐	☐	5.2	☐	☐	7.2	☐	☐
						5.3	☐	☐ ?	7.3	☐	☐

30. Allgemeine Beaufsichtigung und Begleitung

1 2 3 4 5 6 7

	J	N		J	N		J	N		J	N
1.1	☐	☐	3.1	☐	☐	5.1	☐	☐	7.1	☐	☐
1.2	☐	☐	3.2	☐	☐	5.2	☐	☐	7.2	☐	☐
			3.3	☐	☐	5.3	☐	☐			
						5.4	☐	☐			

31. Verhaltensregeln/Disziplin

1 2 3 4 5 6 7

	J	N		J	N		J	N		J	N
1.1	☐	☐ ?	3.1	☐	☐	5.1	☐	☐	7.1	☐	☐
1.2	☐	☐	3.2	☐	☐	5.2	☐	☐	7.2	☐	☐ ?
1.3	☐	☐	3.3	☐	☐	5.3	☐	☐	7.3	☐	☐ ?

Einschätzungen	Anmerkungen

32. Pädagogische Fachkraft-Kind-Interaktion

1 2 3 4 5 6 7

	J	N		J	N		J	N		J	N
1.1	☐	☐	3.1	☐	☐	5.1	☐	☐	7.1	☐	☐
1.2	☐	☐	3.2	☐	☐	5.2	☐	☐	7.2	☐	☐
1.3	☐	☐				5.3	☐	☐			
						5.4	☐	☐			
						5.5	☐	☐			

33. Kind-Kind-Interaktion

1 2 3 4 5 6 7

	J	N		J	N		J	N		J	N
1.1	☐	☐	3.1	☐	☐	5.1	☐	☐	7.1	☐	☐
1.2	☐	☐	3.2	☐	☐	5.2	☐	☐	7.2	☐	☐ ?
1.3	☐	☐	3.3	☐	☐						

34. Autonomie/Selbstständigkeit

1 2 3 4 5 6 7

	J	N		J	N		J	N		J	N
1.1	☐	☐	3.1	☐	☐	5.1	☐	☐ ?	7.1	☐	☐
1.2	☐	☐	3.2	☐	☐	5.2	☐	☐	7.2	☐	☐
1.3	☐	☐	3.3	☐	☐	5.3	☐	☐	7.3	☐	☐
1.4	☐	☐									

Einschätzungen	Anmerkungen

VI. Strukturierung der pädagogischen Arbeit

35. Tagesablauf

1 2 3 4 5 6 7

	J	N
1.1	☐	☐
1.2	☐	☐
3.1	☐	☐
3.2	☐	☐
3.3	☐	☐ ?
3.4	☐	☐
5.1	☐	☐
5.2	☐	☐
5.3	☐	☐
5.4	☐	☐
5.5	☐	☐
7.1	☐	☐
7.2	☐	☐

3.2, 5.3 Spielphasen:

Gesamte Dauer	
Spielphasen drinnen	...... : ...... (Stunden:Minuten)
Spielphasen draußen	...... : ...... (Stunden:Minuten)

36. Freispiel

1 2 3 4 5 6 7

	J	N
1.1	☐	☐
1.2	☐	☐
3.1	☐	☐
3.2	☐	☐
3.3	☐	☐
5.1	☐	☐
5.2	☐	☐
5.3	☐	☐
7.1	☐	☐
7.2	☐	☐

3.1, 5.1 Spielphasen:

Gesamte Dauer	
Spielphasen drinnen	...... : ...... (Stunden:Minuten)
Spielphasen draußen	...... : ...... (Stunden:Minuten)

37. Gruppenstruktur

1 2 3 4 5 6 7

	J	N
1.1	☐	☐
1.2	☐	☐
3.1	☐	☐
3.2	☐	☐
5.1	☐	☐
5.2	☐	☐
5.3	☐	☐
7.1	☐	☐
7.2	☐	☐
7.3	☐	☐

Allgemein:

Beobachtete Situationen	
Angebote in der Gesamtgruppe	
Angebote in Kleingruppen	

Einschätzungen	Anmerkungen

38. Vorkehrungen für Kinder mit erhöhtem Förderbedarf

1 2 3 4 5 6 7 NA

	J	N	NA		J	N	NA		J	N	NA		J	N	NA
1.1	☐	☐ ?		3.1	☐	☐ ?		5.1	☐	☐ ?		7.1	☐	☐ ?	
1.2	☐	☐ ?		3.2	☐	☐ ?		5.2	☐	☐ ?		7.2	☐	☐	
1.3	☐	☐ ?		3.3	☐	☐ ?		5.3	☐	☐ ?		7.3	☐	☐ ?	
1.4	☐	☐		3.4	☐	☐		5.4	☐	☐		7.4	☐	☐ ?	
1.5	☐	☐	☐ ?	3.5	☐	☐	☐ ?	5.5	☐	☐	☐ ?	7.5	☐	☐	☐ ?

39. Pädagogische Konzeption

1 2 3 4 5 6 7

	J	N		J	N		J	N		J	N
1.1	☐	☐ ?	3.1	☐	☐ ?	5.1	☐	☐ ?	7.1	☐	☐ ?
1.2	☐	☐ ?	3.2	☐	☐ ?	5.2	☐	☐ ?	7.2	☐	☐ ?
			3.3	☐	☐ ?	5.3	☐	☐ ?	7.3	☐	☐ ?
			3.4	☐	☐ ?				7.4	☐	☐ ?
			3.5	☐	☐ ?						

40. Beobachtung und Dokumentation

1 2 3 4 5 6 7

	J	N		J	N		J	N		J	N
1.1	☐	☐ ?	3.1	☐	☐ ?	5.1	☐	☐ ?	7.1	☐	☐ ?
			3.2	☐	☐ ?	5.2	☐	☐ ?	7.2	☐	☐ ?
			3.3	☐	☐ ?	5.3	☐	☐ ?	7.3	☐	☐ ?
						5.4	☐	☐ ?	7.4	☐	☐ ?
									7.5	☐	☐ ?

Einschätzungen	Anmerkungen

41. Individualisierung der pädagogischen Arbeit

1 2 3 4 5 6 7

	J	N
1.1	☐	☐
1.2	☐	☐

	J	N
3.1	☐	☐ ?
3.2	☐	☐ ?
3.3	☐	☐

	J	N
5.1	☐	☐ ?
5.2	☐	☐ ?
5.3	☐	☐
5.4	☐	☐

	J	N
7.1	☐	☐
7.2	☐	☐ ?
7.3	☐	☐ ?

VII. Eltern und pädagogische Fachkräfte

42. Zusammenarbeit mit Familien

1 2 3 4 5 6 7

	J	N
1.1	☐	☐ ?
1.2	☐	☐ ?

	J	N
3.1	☐	☐ ?
3.2	☐	☐ ?
3.3	☐	☐ ?
3.4	☐	☐ ?

	J	N
5.1	☐	☐ ?
5.2	☐	☐ ?
5.3	☐	☐ ?
5.4	☐	☐ ?

	J	N
7.1	☐	☐ ?
7.2	☐	☐ ?
7.3	☐	☐ ?

43. Berücksichtigung persönlicher Bedürfnisse der pädagogischen Fachkräfte

1 2 3 4 5 6 7

	J	N
1.1	☐	☐
1.2	☐	☐ ?

	J	N	NA
3.1	☐	☐	
3.2	☐	☐	
3.3	☐	☐ ?	
3.4	☐	☐	☐ ?
3.5	☐	☐	☐ ?

	J	N	NA
5.1	☐	☐	
5.2	☐	☐ ?	
5.3	☐	☐	☐ ?
5.4	☐	☐ ?	

	J	N
7.1	☐	☐
7.2	☐	☐
7.3	☐	☐ ?

Einschätzungen	Anmerkungen

44. Berücksichtigung fachlicher Bedürfnisse der pädagogischen Fachkräfte

1 2 3 4 5 6 7

	J	N		J	N		J	N		J	N
1.1	☐	☐ ?	3.1	☐	☐ ?	5.1	☐	☐ ?	7.1	☐	☐ ?
1.2	☐	☐ ?	3.2	☐	☐ ?	5.2	☐	☐ ?	7.2	☐	☐ ?
1.3	☐	☐ ?	3.3	☐	☐ ?	5.3	☐	☐ ?			

45. Interaktion und Kooperation der pädagogischen Fachkräfte

1 2 3 4 5 6 7 NA

	J	N		J	N		J	N		J	N
1.1	☐	☐ ?	3.1	☐	☐ ?	5.1	☐	☐ ?	7.1	☐	☐ ?
1.2	☐	☐	3.2	☐	☐	5.2	☐	☐	7.2	☐	☐ ?
1.3	☐	☐	3.3	☐	☐	5.3	☐	☐	7.3	☐	☐ ?

46. Fachliche Unterstützung und Evaluation der pädagogischen Fachkräfte

1 2 3 4 5 6 7

	J	N	NA		J	N	NA		J	N	NA		J	N	NA
1.1	☐	☐ ?		3.1	☐	☐ ?		5.1	☐	☐ ?		7.1	☐	☐ ?	
1.2	☐	☐ ?		3.2	☐	☐ ?		5.2	☐	☐ ?		7.2	☐	☐ ?	
1.3	☐	☐	☐ ?	3.3	☐	☐	☐ ?	5.3	☐	☐ ?		7.3	☐	☐ ?	
								5.4	☐	☐ ?		7.4	☐	☐	☐ ?
								5.5	☐	☐	☐ ?				

Einschätzungen	Anmerkungen

47. Fortbildungsmöglichkeiten

1 2 3 4 5 6 7

	J	N			J	N			J	N			J	N
1.1	☐	☐ ?		3.1	☐	☐ ?		5.1	☐	☐ ?		7.1	☐	☐ ?
1.2	☐	☐ ?		3.2	☐	☐ ?		5.2	☐	☐ ?		7.2	☐	☐ ?
1.3	☐	☐ ?		3.3	☐	☐ ?		5.3	☐	☐ ?				
								5.4	☐	☐ ?				
								5.5	☐	☐ ?				

48. Interne und externe Kommunikation

1 2 3 4 5 6 7

	J	N			J	N			J	N			J	N
1.1	☐	☐ ?		3.1	☐	☐ ?		5.1	☐	☐ ?		7.1	☐	☐ ?
1.2	☐	☐ ?		3.2	☐	☐ ?		5.2	☐	☐ ?		7.2	☐	☐ ?
1.3	☐	☐		3.3	☐	☐ ?		5.3	☐	☐ ?		7.3	☐	☐ ?
				3.4	☐	☐		5.4	☐	☐		7.4	☐	☐

VIII. Übergänge

49. Eingewöhnung

1 2 3 4 5 6 7 NA

	J	N			J	N			J	N			J	N
1.1	☐	☐ ?		3.1	☐	☐ ?		5.1	☐	☐ ?		7.1	☐	☐ ?
				3.2	☐	☐ ?		5.2	☐	☐ ?		7.2	☐	☐ ?
				3.3	☐	☐ ?		5.3	☐	☐ ?		7.3	☐	☐ ?
				3.4	☐	☐ ?		5.4	☐	☐ ?				
				3.5	☐	☐ ?								

Einschätzungen	Anmerkungen

50. Kontinuität der pädagogischen Fachkräfte

1	2	3	4	5	6	7

	J	N	NA		J	N	NA		J	N			J	N
1.1	☐	☐ ?		3.1	☐	☐ ?		5.1	☐	☐ ?		7.1	☐	☐
1.2	☐	☐ ?		3.2	☐	☐ ?		5.2	☐	☐ ?		7.2	☐	☐ ?
1.3	☐	☐	☐ ?	3.3	☐	☐	☐ ?	5.3	☐	☐	☐ ?	7.3	☐	☐ ?
1.4	☐	☐ ?		3.4	☐	☐ ?		5.4	☐	☐ ?				

51. Übergang in die Grundschule

1	2	3	4	5	6	7	NA

	J	N	NA		J	N	NA		J	N	NA		J	N	NA
1.1	☐	☐ ?		3.1	☐	☐ ?		5.1	☐	☐ ?		7.1	☐	☐	☐ ?
1.2	☐	☐ ?		3.2	☐	☐ ?		5.2	☐	☐ ?		7.2	☐	☐ ?	
1.3	☐	☐ ?		3.3	☐	☐ ?		5.3	☐	☐ ?		7.3	☐	☐	☐ ?
1.4	☐	☐ ?		3.4	☐	☐ ?		5.4	☐	☐ ?		7.4	☐	☐	
1.5	☐	☐		3.5	☐	☐		5.5	☐	☐					

Kindergarten-Skala (KES-RZ) Auswertungsblatt

Name der Kindertageseinrichtung .... Name der Gruppe/des Bereichs .... Datum Beobachtung ...... : ...... : ....

	Wert
I. Räume und Ausstattung	
1. Innenraum	....
2. Mobiliar für Pflege, Spiel und Lernen	....
3. Ausstattung für Entspannung und Behaglichkeit	....
4. Raumgestaltung	....
5. Rückzugsmöglichkeiten	....
6. Kindbezogene Ausgestaltung	....
7. Platz für Bewegungsaktivitäten	....
8. Ausstattung für Bewegungsaktivitäten	....
Summe	
Mittelwert (Summe/8)	
II. Pflege und Routinen	
9. Begrüßung und Verabschiedung	....
10. Mahlzeiten und Zwischenmahlzeiten	....
11. Ruhe- und Schlafzeiten	....
12. Toilette/Wickeln	....
13. Maßnahmen zur Gesundheitsvorsorge	....
14. Sicherheit	....
Summe	
Mittelwert (Summe/6)	
III: Sprachliche und kognitive Anregungen	
15. Nutzung von Büchern und Bildern	....
16. Anregung zur Kommunikation	....
17. Nutzung der Sprache zur Entwicklung kognitiver Fähigkeiten	....
18. Allgemeiner Sprachgebrauch	....
Summe	
Mittelwert (Summe/4)	

	Wert
VI. Aktivitäten	
19. Feinmotorische Aktivitäten	....
20. Künstlerisches Gestalten	....
21. Musik und Bewegung	....
22. Bausteine	....
23. Sand/Wasser	....
24. Rollenspiel	....
25. Naturerfahrungen/Sachwissen	....
26. Mathematisches Verständnis	....
27. Nutzung von Medien	....
28. Kulturelle Vielfalt und Diversität	....
Summe	
Mittelwert (Summe/10)	
V. Interaktionen	
29. Beaufsichtigung und Begleitung bei Bewegungsaktivitäten	....
30. Allgemeine Beaufsichtigung und Begleitung	....
31. Verhaltensregeln/Disziplin	....
32. Pädagogische Fachkraft-Kind-Interaktion	....
33. Kind-Kind-Interaktion	....
34. Autonomie/Selbstständigkeit (Z)	....
Summe	
Mittelwert (Summe/6)	

	Wert
VI. Strukturierung der pädagogischen Arbeit	
35. Tagesablauf	....
36. Freispiel	....
37. Gruppenstruktur	....
38. Vorkehrungen für Kinder mit erhöhtem Förderbedarf	....
39. Pädagogische Konzeption (Z)	....
40. Beobachtung und Dokumentation (Z)	....
41. Individualisierung der pädagogischen Arbeit (Z)	....
Summe	
Mittelwert (Summe/7)	
VII. Eltern und pädagogische Fachkräfte	
42. Zusammenarbeit mit Familien	....
43. Berücksichtigung persönlicher Bedürfnisse der pädagogischen Fachkräfte	....
44. Berücksichtigung fachlicher Bedürfnisse der pädagogischen Fachkräfte	....
45. Interaktion und Kooperation der pädagogischen Fachkräfte	....
46. Fachliche Unterstützung und Evaluation der pädagogischen Fachkräfte	....
47. Fortbildungsmöglichkeiten	....
48. Interne und externe Kommunikation (Z)	....
Summe	
Mittelwert (Summe/7)	
VIII. Übergänge	
49. Eingewöhnung (Z)	....
50. Kontinuität der pädagogischen Fachkräfte (Z)	....
51. Übergang in die Grundschule (Z)	....
Summe	
Mittelwert (Summe/3)	

KES-RZ-Gesamt Summe	
Mittelwert (Summe/51)	

Kindergarten-Skala (KES-RZ) Profil

Name der Kindertageseinrichtung: .... Datum 1. Beobachtung: ....

Name der Gruppe/des Bereichs .... Datum 2. Beobachtung ....

Name des/der Beobachters/in: ....

Qualitätsbereiche	Einschätzung 1	2	3	4	5	6	7 Qualitätsmerkmale
I. Räume und Ausstattung 1. Beobachtung 2. Beobachtung Mittelwerte der Qualitätsbereiche							1. Innenraum
							2. Mobiliar für Pflege, Spiel und Lernen
							3. Ausstattung Entspannung und Behaglichkeit
							4. Raumgestaltung
							5. Rückzugsmöglichkeiten
							6. Kindbezogene Ausgestaltung
							7. Platz für Bewegungsaktivitäten
							8. Ausstattung für Bewegungsaktivitäten
II. Pflege und Routinen							9. Begrüßung und Verabschiedung
							10. Mahlzeiten und Zwischenmahlzeiten
							11. Ruhe- und Schlafzeiten
							12. Toilette/Wickeln
							13. Maßnahmen zur Gesundheitsvorsorge
							14. Sicherheit
III. Sprachliche und kognitive Anregungen							15. Nutzung von Büchern und Bildern
							16. Anregung zur Kommunikation
							17. Nutzung der Sprache zur Entwicklung kognitiver Fähigkeiten
							18. Allgemeiner Sprachgebrauch
IV. Aktivitäten							19. Feinmotorische Aktivitäten
							20. Künstlerisches Gestalten
							21. Musik und Bewegung
							22. Bausteine

Bereich							Merkmal
							23. Sand/Wasser
							24. Rollenspiel
							25. Naturerfahrungen/Sachwissen
							26. Mathematisches Verständnis
							27. Nutzung von Medien
							28. Kulturelle Vielfalt und Diversität
V. Interaktionen							29. Beaufsichtigung und Begleitung bei Bewegungsaktivitäten
							30. Allgemeine Beaufsichtigung und Begleitung
							31. Verhaltensregeln/Disziplin
							32. Pädagogische Fachkraft-Kind-Interaktion
							33. Kind-Kind-Interaktion
							34. Autonomie/Selbstständigkeit (Z)
VI. Strukturierung der pädagogischen Arbeit							35. Tagesablauf
							36. Freispiel
							37. Gruppenstruktur
							38. Vorkehrungen für Kinder mit erhöhtem Förderbedarf
							39. Pädagogische Konzeption (Z)
							40. Beobachtung und Dokumentation (Z)
							41. Individualisierung der pädagogischen Arbeit (Z)
VII. Eltern und pädagogische Fachkräfte							42. Zusammenarbeit mit Familien
							43. Berücksichtigung persönlicher Bedürfnisse der pädagogischen Fachkräfte
							44. Berücksichtigung fachlicher Bedürfnisse der pädagogischen Fachkräfte
							45. Interaktion und Kooperation der pädagogischen Fachkräfte
							46. Fachliche Unterstützung und Evaluation der pädagogischen Fachkräfte
							47. Fortbildungsmöglichkeiten
							48. Interne und externe Kommunikation (Z)
VIII. Übergänge							49. Eingewöhnung (Z)
							50. Kontinuität der pädagogischen Fachkräfte (Z)
							51. Übergang in die Grundschule (Z)
	1	2	3	4	5	6	7

Autoren und Autorinnen

Wolfgang Tietze, Prof. Dr. phil., ist Geschäftsführer der PädQUIS gGmbH, einem An-Institut der Alice Salomon Hochschule Berlin und Kooperationsinstitut der Karl-Franzens-Universität Graz. Er war bis 2010 Professor und Leiter des Arbeitsbereichs Kleinkindpädagogik im Fachbereich Erziehungswissenschaft und Psychologie der Freien Universität Berlin. Zu seinen Arbeitsschwerpunkten gehören Fragen der Feststellung und Entwicklung pädagogischer Qualität sowie der internationale Vergleich.

Hans-Günther Roßbach, Prof. Dr. phil., hatte bis April 2017 den Lehrstuhl für Elementar- und Familienpädagogik inne und war Direktor des Leibniz-Instituts für Bildungsverläufe e.V. Zu seinen Arbeitsschwerpunkten gehören die empirische Bildungsforschung im frühpädagogischen Bereich, Längsschnittforschung und Fragen der Qualitätsentwicklung.

Rebecca Nattefort, Dipl.-Päd., ist wissenschaftliche Mitarbeiterin bei der PädQUIS gGmbH. Ihre Arbeitsschwerpunkte liegen im Bereich der pädagogischen Qualität sowie der externen Evaluation und Zertifizierung von Kindertageseinrichtungen. Ein weiterer Schwerpunkt liegt in der Anwendung und dem Training der Kindergarten-Skala (KES-RZ) in verschiedenen Kontexten.

Katja Grenner, Dipl.-Psych., ist pädagogische Geschäftsleiterin des Trägers Kindergärten City, Eigenbetrieb von Berlin. Zuvor war sie langjährige Mitarbeiterin der PädQUIS gGmbH. Ihre Arbeitsschwerpunkte liegen in der Entwicklung und Umsetzung von Konzepten zur Qualitätsentwicklung in Kindertageseinrichtungen sowie in der Qualifizierung von Leiter*innen und Fachberater*innen.

PädQUIS® gGmbH
Pädagogische Qualitäts-Informations-Systeme gGmbH

An-Institut der Alice Salomon Hochschule Berlin
Kooperationsinstitut der Karl-Franzens-Universität Graz

Ordensmeisterstr. 15-16, 12099 Berlin

Tel.: +49 (0)30.720061-11
Fax: +49 (0)30.720061-161

info@paedquis.de
www.paedquis.de

Notizen

Notizen

Notizen